미래와 통하는 책

# 동양북스 외국어 베스트 도서

700만 독자의 선택!

# 새로운 도서, 다양한 자료 동양북스 홈페이지에서 만나보세요!

www.dongyangbooks.com
m.dongyangbooks.com

※ 학습자료 및 MP3 제공 여부는 도서마다 상이하므로 확인 후 이용 바랍니다.

## 홈페이지 도서 자료실에서 학습자료 및 MP3 무료 다운로드

### PC

❶ 홈페이지 접속 후 도서 자료실 클릭
❷ 하단 검색 창에 검색어 입력
❸ MP3, 정답과 해설, 부가자료 등 첨부파일 다운로드
* 원하는 자료가 없는 경우 '요청하기' 클릭!

### MOBILE

* 반드시 '인터넷, Safari, Chrome' App을 이용하여 홈페이지에 접속해주세요. (네이버, 다음 App 이용 시 첨부파일의 확장자명이 변경되어 저장되는 오류가 발생할 수 있습니다.)

❶ 홈페이지 접속 후 ☰ 터치

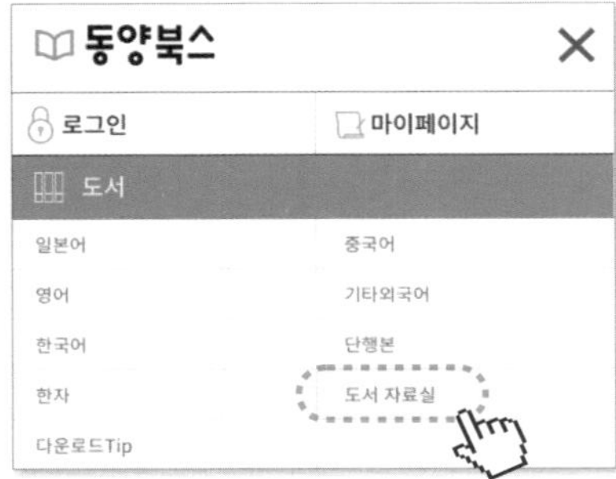


❷ 도서 자료실 터치

❸ 하단 검색창에 검색어 입력
❹ MP3, 정답과 해설, 부가자료 등 첨부파일 다운로드
* 압축 해제 방법은 '다운로드 Tip' 참고

NEW

# 도모다찌 일본어 상

강경자 · 김은정 · 박영숙 · 박은숙 지음

동양북스

개정1쇄 발행 | 2025년 2월 10일

지은이 | 강경자, 김은정, 박영숙, 박은숙
발행인 | 김태웅
책임편집 | 길혜진
디자인 | 남은혜, 김지혜
마케팅 총괄 | 김철영
온라인 마케팅 | 신아연
제작 | 현대순

발행처 | (주)동양북스
등　록 | 제2014-000055호
주　소 | 서울시 마포구 동교로22길 14 (04030)
구입 문의 | 전화 (02)337-1737　팩스 (02)334-6624
내용 문의 | 전화 (02)337-1762　dybooks2@gmail.com

ISBN 979-11-7210-092-6 14730
ISBN 979-11-7210-091-9 (세트)

©2025, 강경자

▶ 본 책은 저작권법에 의해 보호를 받는 저작물이므로 무단 전재와 복제를 금합니다.
▶ 잘못된 책은 구입처에서 교환해드립니다.
▶ (주)동양북스에서는 소중한 원고, 새로운 기획을 기다리고 있습니다.
http://www.dongyangbooks.com

# 머리말

새로운 시대에 필요한 새로운 언어 감각!!

시대의 변화에 따라 변하는 것이 많이 있지만 무엇보다 민감한 변화는 우리들의 언어생활이라고 여겨집니다.

시대의 변화에 따라 사람들의 관심과 언어 표현은 끊임없이 변하며, 이러한 변화하는 시대 분위기 속에 뛰어난 외국어 실력을 갖춘다는 것은 그 시대의 아이콘이 되는 톡톡 튀는 표현을 유감없이 발휘할 수 있는 언어 감각을 가진다는 것일 것입니다. 이 교재는 이러한 문제의식 속에 집필되었습니다.

일반적으로 트렌디한 소재로 재미있게 전개되는 학습서는 지나치게 재미 위주로 편중되어 있어 학습서로는 부족하거나, 시험 대비를 위한 학습서는 너무 딱딱한 수험서 느낌의 책으로 집필되어서 재미있게 공부하며 시험 대비를 할 수 있는 책은 참으로 드문 것 같습니다.

어떻게 하면 재미있게 트렌디한 감각으로 실용 일본어를 배우되 문법과 어휘, 청취와 독해 능력까지 골고루 배양하여 시험 대비를 위한 실력까지 갖출 수 있는 교재를 제공해 줄 수 있을까? 하는 문제의식의 출발이 이 교재의 집필 동기라 할 수 있습니다.

이 교재는 톡톡 튀는 트렌디한 감각을 생생하고 현실감 넘치는 스토리를 통해 배우고, 꼼꼼하게 문법과 어휘, 청취 감각을 체크하는 시험 대비 코너도 갖추고 있어 재미와 실용성, 감각과 실력의 두 마리 토끼를 다 잡을 수 있습니다. 일본어를 배우는 자나 가르치는 자 모두에게 만족감을 주는 책이 될 것입니다.

아무쪼록 이 교재를 통해 일본어를 배우게 되는 모든 사람에게 누구보다도 뛰어난 일본어 감각과 실력을 배양하는 데 조금도 부족함이 없는 자그마한 도구로 쓰이길 소망합니다.

이 교재가 출간되기까지 최고의 교재를 위해 최선의 열정을 아낌없이 쏟아주신 동양북스 일본어팀 및 여러 관계자 여러분들께 깊은 감사를 드리며…….

저자 일동

## 도입

우선 각 과에 대한 학습 목표를 확인하고 이어지는 대화문을 쉽게 이해할 수 있도록 대화 상황을 간략한 만화로 제시하였습니다. 초기 단계부터 부담 없이 재미있게 일본어 학습을 시작할 수 있습니다.

## 톡톡 회화

일상 일본어 회화를 바탕으로 실용적이고 자연스러운 대화문을 구성하였습니다. 기존 교재와 달리 각 등장인물의 성격이 엿보이는 즐겁고 재미있는 내용으로 일본어 학습에 대한 흥미나 동기를 갖게 해 줍니다.

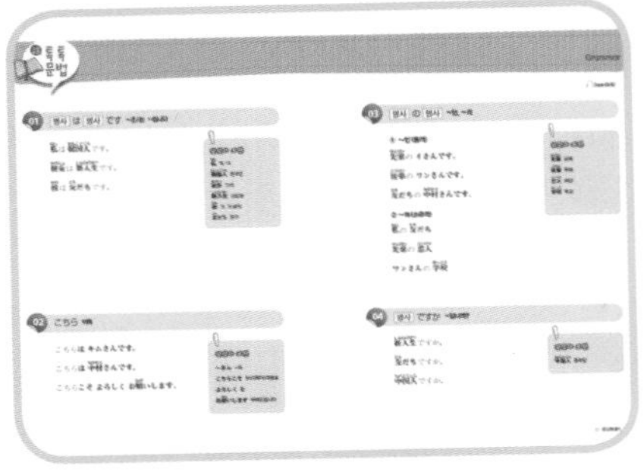

## 톡톡 문법

톡톡 회화에서 나오는 주요 문법 사항을 정리하여 제시하였습니다. 해당 문법을 활용한 예문도 다양하게 실어서 문법에 대한 이해를 도와줍니다.

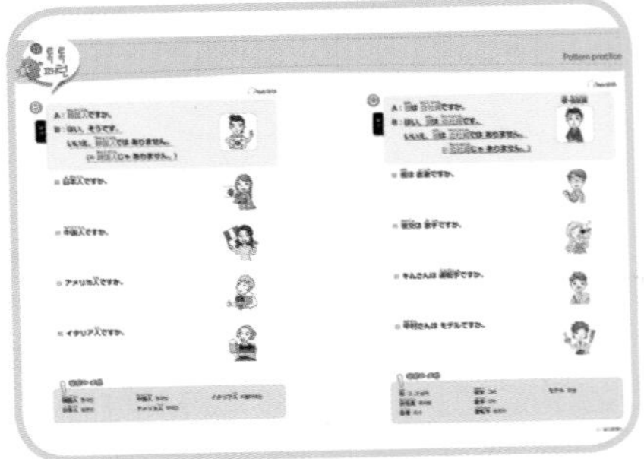

## 톡톡 패턴

톡톡 문법에 나온 주요 문법을 중심으로 문형 연습을 구성하였습니다. 이 톡톡 패턴에서는 배운 문법을 토대로 실제 응용 연습을 통해 일본어의 기초를 탄탄히 다지고, 바로 실제 회화에서 쓸 수 있도록 도와줍니다.

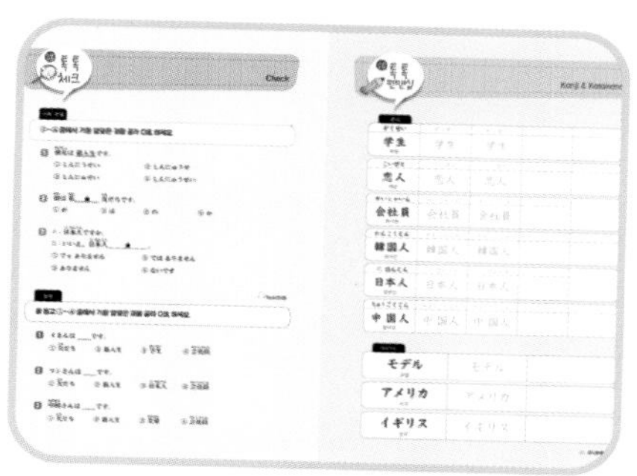

### 톡톡 체크

각 과에 나오는 주요 어휘와 문법을 중심으로 연습 문제를 실었습니다. '어휘 · 문법'과 '청취'의 유형별로 나누어져 있어서 각종 일본어 시험의 기초 실력을 키울 수 있습니다.

### 톡톡 펜맨십

각 과에 나오는 주요 어휘 중 기본 한자 단어, 가타카나 단어를 직접 쓰며 확인할 수 있습니다.

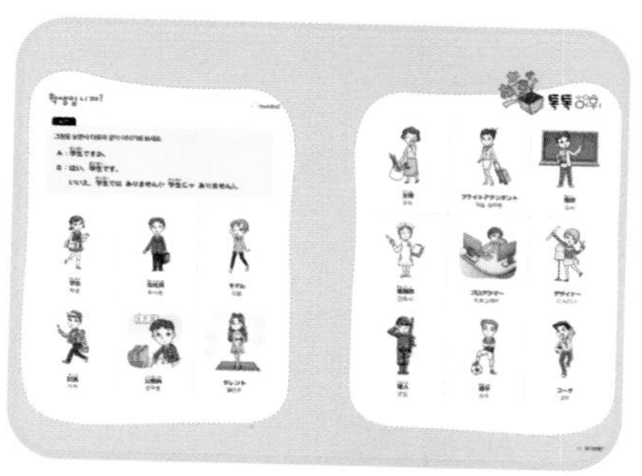

### 톡톡 어휘

각 과에 관련된 어휘를 그림과 같이 다양하게 제시하였습니다. 어휘를 충분히 익힌 후, 각 과에서 배웠던 문법 사항을 활용한 확장 연습도 가능합니다.

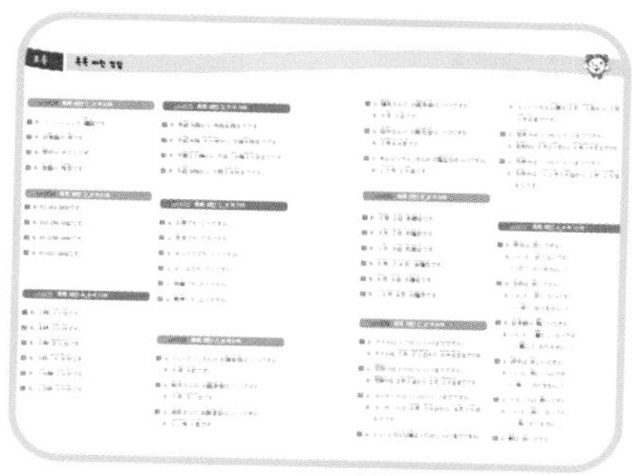

### 부록

톡톡 회화의 한국어 해석, 문법 사항을 쉽게 찾을 수 있는 색인, 톡톡 패턴의 정답 그리고 톡톡 체크의 각 정답과 청취 스크립트를 수록하였습니다.

### ★ 음성 녹음 MP3, 워크북 별책

본문 내용을 녹음한 MP3, 히라가나, 가타카나와 각 과의 톡톡 패턴과 톡톡 펜맨십을 직접 쓰고 연습할 수 있도록 워크북을 수록하였습니다.

Talk
목차

# Contents

Talk 목차

にほんご

## 이 책의 학습 구성표

| unit | 과 제목 | 학습 목표 | 문법 및 표현 |
|---|---|---|---|
| unit 01 | 히라가나(**ひらがな**)와<br>발음 익히기 | 일본어의 히라가나<br>(**ひらがな**)의<br>모양과 발음 익히기 | 01 히라가나 청음 清音(せいおん)<br>02 히라가나 탁음 濁音(だくおん)<br>03 히라가나 반탁음 半濁音(はんだくおん)<br>04 히라가나 요음 拗音(ようおん)<br>05 히라가나 촉음 促音(そくおん)<br>06 히라가나 발음 撥音(はつおん)<br>07 히라가나 장음 長音(ちょうおん) |
| unit 02 | 가타카나(**カタカナ**)와<br>발음 익히기 | 일본어의 가타카나<br>(**カタカナ**)의<br>모양과 발음 익히기 | 01 가타카나 청음 清音(せいおん)<br>02 가타카나 탁음 濁音(だくおん)<br>03 가타카나 반탁음 半濁音(はんだくおん)<br>04 가타카나 요음 拗音(ようおん)<br>05 외래어와 특별음 外来語(がいらいご)と特別音(とくべつおん)<br>06 가타카나 촉음 促音(そくおん)<br>07 가타카나 발음 撥音(はつおん)<br>08 가타카나 장음 長音(ちょうおん) |
| unit 03 | **はじめまして。**<br>처음 뵙겠습니다. | 자기 소개 인사와<br>기본 명사 구문 익히기 | 01 명사 は 명사 です ~은/는 ~입니다<br>02 こちら 이쪽<br>03 명사 の 명사 ~인, ~의<br>04 명사 ですか ~입니까?<br>05 명사 では ありません(じゃ ありません)<br>~이/가 아닙니다<br>(인칭대명사)<br>(여러 나라 사람) |
| unit 04 | **この**<br>**スマートフォンは**<br>**だれのですか。**<br>이 스마트폰은<br>누구의 것입니까? | 지시대명사와<br>의문사 익히기,<br>전화번호 묻고 답하기 | 01 これ, それ, あれ, どれ<br>이것, 그것, 저것, 어느 것<br>02 何(なん)ですか 무엇입니까?<br>03 だれの 명사 ですか 누구의 ~입니까?<br>04 電話番号(でんわばんごう) 전화번호<br>(숫자 1~10) |
| unit 05 | **今(いま) 何時(なんじ)ですか。**<br>지금 몇 시입니까? | 시간 묻고 답하기 | 01 今(いま) 何時(なんじ)ですか 지금 몇 시입니까?<br>① 時間(じかん) 시간<br>② 分(ふん) 분<br>③ 시간과 관련된 어휘 익히기<br>02 ~から ~まで ~부터 ~까지<br>03 명사 でも どうですか ~라도 어때요? |

| unit | 과 제목 | 학습 목표 | 문법 및 표현 |
|---|---|---|---|
| unit 06 | お誕生日(たんじょうび)は<br>いつですか。<br>생일은<br>언제입니까? | 생년월일, 날짜,<br>요일 묻고 답하기 | 01 いつですか 언제입니까?<br>02 월, 일, 요일<br>① 何月(なんがつ) 몇 월 / ② 何日(なんにち) 며칠<br>③ 何曜日(なんようび) 무슨 요일 / ④ 시일 관련 표현<br>03 ～生(う)まれ ～생<br>04 조수사 1<br>05 명사 と ～와/과, ～하고<br>06 명사 より ～보다 |
| unit 07 | 本当(ほんとう)に<br>かっこいいですね。<br>정말 멋있네요. | い형용사의 기본<br>활용형 익히기 | 01 い형용사 어간 い(い형용사의 기본형) ～다<br>02 い형용사 기본형 です(い형용사의 정중형) ～ㅂ니다<br>03 い형용사 어간 く ない(い형용사의 부정형) ～지 않다<br>04 い형용사 어간 く ないです, く ありません<br>(い형용사 부정형의 정중형) ～지 않습니다<br>05 い형용사 기본형＋명사(い형용사의 명사 수식형) ～ㄴ<br>06 い형용사 어간 くて (い형용사의 연결형) ～고, ～서<br>07 い형용사 いい(よい)의 활용<br>08 명사 も ～도 |
| unit 08 | どんな 人(ひと)が<br>好(す)きですか。<br>어떤 사람을<br>좋아하세요? | な형용사의 기본<br>활용형 익히기 | 01 な형용사 어간 だ (な형용사의 기본형) ～다<br>02 な형용사 어간 です(な형용사의 정중형) ～ㅂ니다<br>03 な형용사 어간 じゃ ない(な형용사의 부정형) ～지 않다<br>04 な형용사 어간 じゃ ないです, じゃ ありません<br>(な형용사 부정형의 정중형) ～지 않습니다<br>05 な형용사 어간 な＋명사(な형용사의 명사 수식형) ～ㄴ<br>06 な형용사 어간 で(な형용사의 연결형) ～고, ～서<br>07 な형용사 同(おな)じだ의 활용<br>08 どんな 명사 が 好(す)きですか<br>어떤 ～을/를 좋아하세요?<br>09 とか ～라든가 |
| unit 09 | 世界(せかい)で 一番(いちばん)<br>すてきな 人(ひと)です。<br>세상에서 제일<br>멋진 사람이에요. | 비교급 문형과<br>최상급 문형 익히기 | 01 비교 구문<br>02 최상급 구문<br>03 의문사<br>① なに 무엇 / ② いつ 언제 / ③ だれ 누구<br>④ どこ 어디 / ⑤ どれ 어느 것 |
| unit 10 | この ブラウスは<br>いくらですか。<br>이 블라우스는<br>얼마예요? | 가격 묻고 답하기,<br>기본 조수사 익히기 | 01 いくらですか 얼마예요?<br>02 숫자 100～900,000<br>03 조수사2 ① 何人(なんにん) 몇 명 / ② 何枚(なんまい) 몇 장<br>③ 何個(なんこ) 몇 개 / ④ 何本(なんぼん) 몇 병, 몇 자루<br>⑤ 何冊(なんさつ) 몇 권 / ⑥ 何台(なんだい) 몇 대<br>⑦ 何匹(なんびき) 몇 마리<br>04 ～で ～(이)고, ～(으)로<br>05 ～ください ～주세요 |

| unit | 과 제목 | 학습 목표 | 문법 및 표현 |
|---|---|---|---|
| unit 11 | 親(した)しい 友(とも)だちが いますか。<br>친한 친구가 있습니까? | 존재 유무 표현과 위치, 장소 표현 익히기 | 01 あります, ありません 있습니다, 없습니다 (무생물, 식물)<br>02 います, いません 있습니다, 없습니다 (사람, 동물)<br>03 ～に あります / います ～에 있습니다<br>04 どこに ありますか / いますか 어디에 있습니까?<br>05 위치관련 어휘 |
| unit 12 | 毎日(まいにち) 図書館(としょかん)で 勉強(べんきょう)を しますか。<br>매일 도서관에서 공부를 합니까? | 동사의 ます형 익히기 | 01 동사의 ます 활용<br>① 1그룹 동사의 ます형<br>② 2그룹 동사의 ます형<br>③ 3그룹 동사의 ます형<br>02 ～ます ～입니다<br>03 ～ません ～하지 않습니다<br>04 ～ました ～했습니다<br>05 ～ませんでした ～하지 않았습니다<br>06 조사<br>① を ～을, ～를(목적의 대상)<br>② に ～으로, ～에(시간, 귀착점, 대상)<br>③ で ～에서(장소), ～으로(수단)<br>④ へ ～으로, ～에(방향)<br>⑤ と ～와, ～과 |
| unit 13 | コンサートに 行(い)きませんか。<br>콘서트에 가지 않겠습니까? | 목적과 권유 표현 익히기 | 01 に ～하러<br>① 명사 : (동작성) 명사 + に<br>② 동사 : ます형 + に<br>02 동사ます형 ませんか ～지 않겠습니까?<br>03 ～に ～ませんか ～하러 ～지 않겠습니까?<br>04 ます형 + ましょう ～합시다<br>05 ～に ～ましょうか ～러 ～ㄹ까요? |
| unit 14 | どんな 人(ひと)に なりたいですか。<br>어떤 사람이 되고 싶습니까? | 소원 표현 익히기 | 01 ます형 たい ～고 싶다<br>02 ます형 たくない ～고 싶지 않다<br>03 なりたい 되고 싶다<br>① 명사 に なりたい ～이/가 되고 싶다<br>② な형용사 어간 に なりたい ～게 되고 싶다<br>③ い형용사 어간 く なりたい ～게 되고 싶다<br>04 ほしい 갖고 싶다 |
| unit 15 | ちょっと 助(たす)けて ください。<br>좀 도와주세요. | 동사의 て형과 현재 진행형 및 순서 표현 익히기 | 01 동사 て ～고, ～서(동사 て형)<br>① 1그룹 동사의 て형<br>② 2그룹 동사의 て형<br>③ 3그룹 동사의 て형<br>02 동사 てから ～고 나서<br>03 동사 て ください ～해 주세요<br>04 동사 て います ～고 있습니다 (동작의 진행) |

## 히라가나(ひらがな) - 오십음도(五十音図)

| | あ 단 | い 단 | う 단 | え 단 | お 단 |
|---|---|---|---|---|---|
| あ 행 | あ [a]  あい | い [i]  いえ | う [u]  うえ | え [e]  え | お [o]  あお |
| か 행 | か [ka]  かお | き [ki]  かき | く [ku]  きく | け [ke]  いけ | こ [ko]  こい |
| さ 행 | さ [sa]  さけ | し [shi]  しか | す [su]  すし | せ [se]  せかい | そ [so]  すそ |
| た 행 | た [ta]  たき | ち [chi]  ちち | つ [tsu]  つき | て [te]  て | と [to]  24살 とし |
| な 행 | な [na]  なつ | に [ni]  にく | ぬ [nu]  いぬ | ね [ne]  ねこ | の [no]  つの |

| | | | | | |
|---|---|---|---|---|---|
| は 행 | は<br>[ha] <br>はな | ひ<br>[hi] <br>ひと | ふ<br>[fu] <br>ふね | へ<br>[he] <br>へそ | ほ<br>[ho] <br>ほし |
| ま 행 | ま<br>[ma] <br>まめ | み<br>[mi] <br>みみ | む<br>[mu] <br>むすめ | め<br>[me] <br>あめ | も<br>[mo] <br>もも |
| や 행 | や<br>[ya] <br>やま | | ゆ<br>[yu] <br>ゆき | | よ<br>[yo] <br>ひよこ |
| ら 행 | ら<br>[ra] <br>そら | り<br>[ri] <br>りす | る<br>[ru] <br>くるま | れ<br>[re] <br>すみれ | ろ<br>[ro] 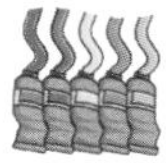<br>いろ |
| わ 행 | わ<br>[wa] <br>わたし | | | | を<br>[o]<br>～を |
| ん | ん<br>[N] <br>きん | | | | |

## 가타카나(カタカナ) - 오십음도(五十音図)

| | ア 단 | イ 단 | ウ 단 | エ 단 | オ 단 |
|---|---|---|---|---|---|
| ア 행 | ア<br>[a]<br>アイス | イ<br>[i]<br>イタリア | ウ<br>[u]<br>ソウル | エ<br>[e]<br>エアコン | オ<br>[o]<br>オートバイ |
| カ 행 | カ<br>[ka]<br>カメラ | キ<br>[ki]<br>スキー | ク<br>[ku]<br>クッキー | ケ<br>[ke]<br>ケーキ | コ<br>[ko]<br>コート |
| サ 행 | サ<br>[sa]<br>サラダ | シ<br>[shi]<br>シアター | ス<br>[su]<br>スポーツ | セ<br>[se]<br>セット | ソ<br>[so]<br>ソース |
| タ 행 | タ<br>[ta]<br>タオル | チ<br>[chi]<br>チーズ | ツ<br>[tsu]<br>ツアー | テ<br>[te]<br>テレビ | ト<br>[to]<br>トマト |
| ナ 행 | ナ<br>[na]<br>バナナ | ニ<br>[ni]<br>テニス | ヌ<br>[nu]<br>ヌードル | ネ<br>[ne]<br>ネクタイ | ノ<br>[no]<br>ノート |

| | | | | | |
|---|---|---|---|---|---|
| ハ 행 | ハ<br>[ha] <br>ハート | ヒ<br>[hi] <br>コーヒー | フ<br>[fu] <br>フランス | ヘ<br>[he] <br>ヘア | ホ<br>[ho] <br>ホテル |
| マ 행 | マ<br>[ma] <br>マスカラ | ミ<br>[mi] <br>ミルク | ム<br>[mu] <br>ゲーム | メ<br>[me] <br>メール | モ<br>[mo] <br>メモ |
| ヤ 행 | ヤ<br>[ya] <br>タイヤ | | ユ<br>[yu] <br>ユニフォーム | | ヨ<br>[yo] <br>ヨット |
| ラ 행 | ラ<br>[ra] <br>ラジオ | リ<br>[ri] <br>リボン | ル<br>[ru] <br>ルビー | レ<br>[re] <br>レストラン | ロ<br>[ro] <br>メロン |
| ワ 행 | ワ<br>[wa] <br>ワイン | | | | ヲ<br>[o] |
| ン | ン<br>[N] <br>ペン | | | | |

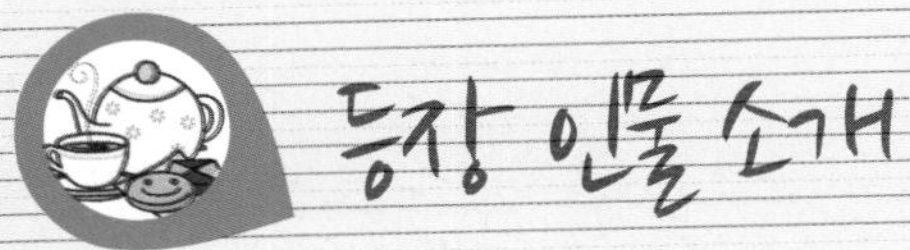

# 등장 인물 소개

**나카무라 미카**(中村美香)

일본인 회사원.
현재 한국, 서울 지사에 근무 중
한류와 쇼핑에 열광하고
패션과 미용에 관심 많은 20대.
직선적이고 쿨한 성격.

**이준수**(イ・ジュンス)

한국인 학생.
취업을 준비하는 대학교 4학년.
미카와 준수는 일본에 어학연수
갔을 때 알게 된 사이.
성실하고 진지하며,
취업으로 고민하고 있다.
아려의 짝사랑의 대상.

등장 인물

**김주원**(キム・ジュウォン)

한국인 회사원. 이준수의 선배.
회사 생활에 흥미를 느끼지 못하고
늘 피곤에 겨워하고 있다.
이직에 관심이 많고
미카를 좋아해서 고백하고자 하지만
용기가 나지 않아 전전긍긍.

**왕아려**(ワン・アリョ)

착하고 귀여운 여동생 스타일의
중국인 유학생. 대학교 1학년.
세련된 미카를 친언니처럼 따르며
동경한다. 이준수 선배앓이.
유학 생활의 경험을 바탕으로
멋진 CEO가 되는 것이 꿈.
실은 북경 갑부의 외동딸.

# unit 01

## 히라가나(ひらがな)와 발음 익히기

# unit 01 히라가나(ひらがな)와 발음 익히기

## 01 히라가나 청음 清音(せいおん)

Track 01-01

### あ행

| あ | い | う | え | お |
|---|---|---|---|---|
| [a] | [i] | [u] | [e] | [o] |
| あい | いえ | うえ | え | あお |
| 사랑 | 집 | 위 | 그림 | 파랑 |

### か행

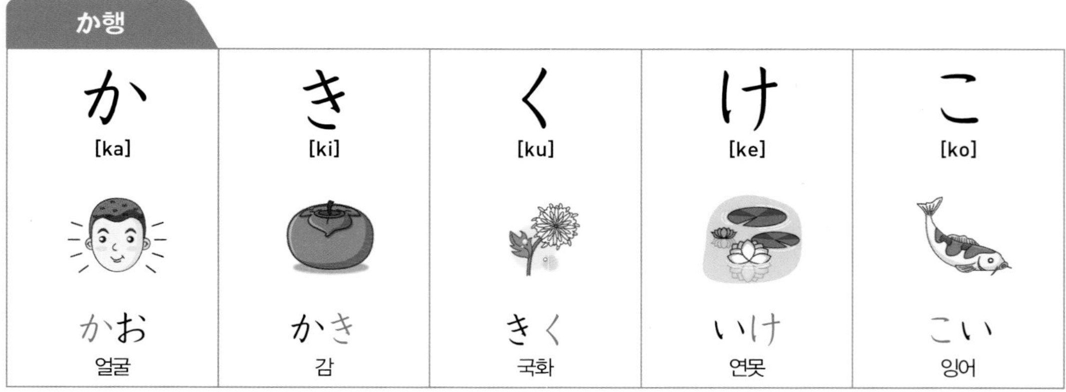

| か | き | く | け | こ |
|---|---|---|---|---|
| [ka] | [ki] | [ku] | [ke] | [ko] |
| かお | かき | きく | いけ | こい |
| 얼굴 | 감 | 국화 | 연못 | 잉어 |

## さ행

さ
[sa]
さけ
술
し
[shi]
しか
사슴
す
[su]
すし
초밥
せ
[se]
せかい
세계
そ
[so]
すそ
옷자락

## た행

た
[ta]
たき
폭포
ち
[chi]
ちち
아버지
つ
[tsu]
つき
달
て
[te]
て
손
と
[to]
24살
とし
나이

な행
な
[na]
なつ
여름
に
[ni]
にく
고기
ぬ
[nu]
いぬ
개
ね
[ne]
ねこ
고양이
の
[no]
つの
뿔

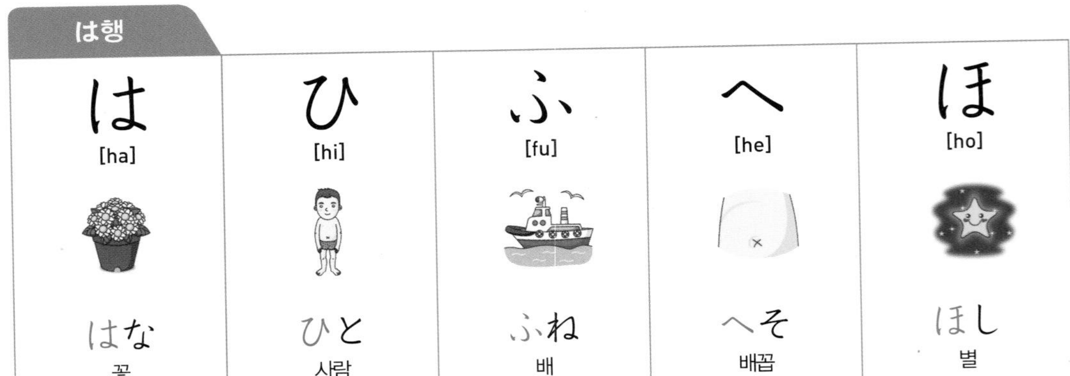
は행
は
[ha]
はな
꽃
ひ
[hi]
ひと
사람
ふ
[fu]
ふね
배
へ
[he]
へそ
배꼽
ほ
[ho]
ほし
별

## ま행

| ま | み | む | め | も |
|---|---|---|---|---|
| [ma] | [mi] | [mu] | [me] | [mo] |
| まめ | みみ | むすめ | あめ | もも |
| 콩 | 귀 | 딸 | 비 | 복숭아 |

## や행

| ら행 | | | | |
|---|---|---|---|---|
| ら [ra] | り [ri] | る [ru] | れ [re] | ろ [ro] |
| そら 하늘 | りす 다람쥐 | くるま 자동차 | すみれ 제비꽃 | いろ 색 |

| わ행, ん | | | | |
|---|---|---|---|---|
| わ [wa] | | を [o] | | ん [N] |
| わたし 나, 저 | | ～を ～을/를 | | きん 금 |

## 02 히라가나 탁음 濁音(だくおん)

Track 01-02

### が행

| が | ぎ | ぐ | げ | ご |
|---|---|---|---|---|
| [ga] | [gi] | [gu] | [ge] | [go] |
| かがみ | かぎ | かぐ | ひげ | たまご |
| 거울 | 열쇠 | 가구 | 수염 | 계란 |

### ざ행

| ざ | じ | ず | ぜ | ぞ |
|---|---|---|---|---|
| [za] | [ji] | [zu] | [ze] | [zo] |
| ひざ | ひじ | みず | かぜ | かぞく |
| 무릎 | 팔꿈치 | 물 | 바람 | 가족 |

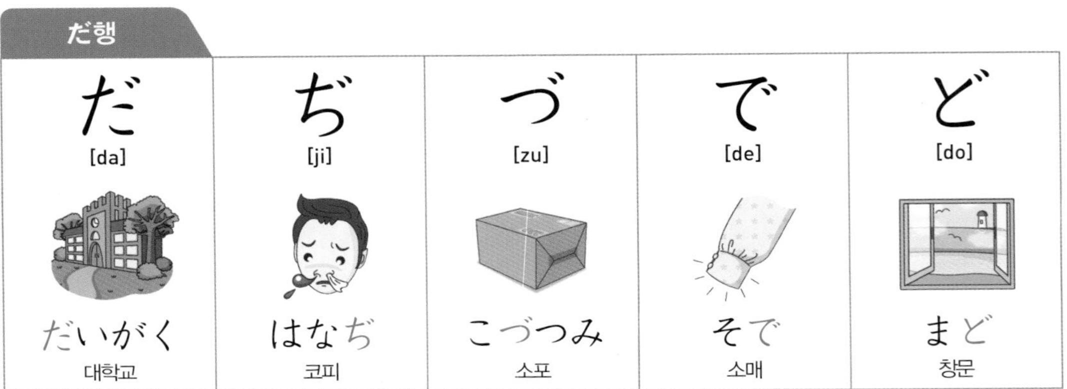
だ행
だ
[da]
だいがく
대학교
ぢ
[ji]
はなぢ
코피
づ
[zu]
こづつみ
소포
で
[de]
そで
소매
ど
[do]
まど
창문

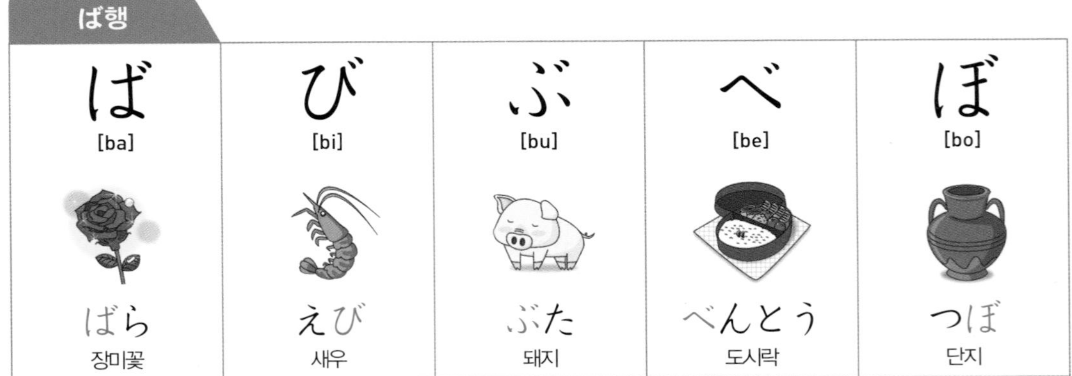
ば행
ば
[ba]
ばら
장미꽃
び
[bi]
えび
새우
ぶ
[bu]
ぶた
돼지
べ
[be]
べんとう
도시락
ぼ
[bo]
つぼ
단지

## 03 히라가나 반탁음 半濁音(はんだくおん)

Track 01-03

ぱ행

| ぱ | ぴ | ぷ | ぺ | ぽ |
|---|---|---|---|---|
| [pa] | [pi] | [pu] | [pe] | [po] |
| いっぱい | ぴかぴか | ぷくぷく | ぺらぺら | ぽかぽか |
| 가득 | 반짝반짝 | 뒤룩뒤룩 | 술술 | 포근포근 |

## 4 히라가나 요음 拗音(ようおん)

Track 01-04

**きゃ행**

| きゃ [kya] | きゅ [kyu] | きょ [kyo] |
|---|---|---|
| おきゃく 손님 | きゅうり 오이 | きょり 거리 |

**ぎゃ행**

| ぎゃ [gya] | ぎゅ [gyu] | ぎょ [gyo] |
|---|---|---|
| ぎゃく 반대 | ぎゅうにゅう 우유 | きんぎょ 금붕어 |

**しゃ행**

| しゃ [sha] | しゅ [shu] | しょ [sho] |
|---|---|---|
| しゃしん 사진 | しゅじん 남편 | しょみん 서민 |

**じゃ행**

| じゃ [ja] | じゅ [ju] | じょ [jo] |
|---|---|---|
| じんじゃ 신사 | しんじゅ 진주 | じょせい 여성 |

**ちゃ행**

| ちゃ [cha] | ちゅ [chu] | ちょ [cho] |
|---|---|---|
| おちゃ 차 | ちゅうもん 주문 | ちょちく 저축 |

**にゃ행**

| にゃ [nya] | にゅ [nyu] | にょ [nyo] |
|---|---|---|
| こんにゃく 곤약 | にゅういん 입원 | にょうぼう 마누라 |

ひゃ행

| ひゃ [hya] | ひゅ [hyu] | ひょ [hyo] |
|---|---|---|
| ひゃく<br>백, 100 | ひゅうひゅう<br>휙휙 | ひょうじょう<br>표정 |

びゃ행

| びゃ [bya] | びゅ [byu] | びょ [byo] |
|---|---|---|
| さんびゃく<br>삼백, 300 | びゅうびゅう<br>윙윙 | びょういん<br>병원 |

ぴゃ행

| ぴゃ [pya] | ぴゅ [pyu] | ぴょ [pyo] |
|---|---|---|
| はっぴゃく<br>팔백, 800 | ぴゅうぴゅう<br>휙휙 | ぴょんぴょん<br>깡충깡충 |

みゃ행

| みゃ [mya] | みゅ [myu] | みょ [myo] |
|---|---|---|
| みゃく<br>맥 | – | びみょう<br>미묘 |

りゃ행

| りゃ [rya] | りゅ [ryu] | りょ [ryo] |
|---|---|---|
| りゃくじ<br>약자 | りゅうがく<br>유학 | りょうり<br>요리 |

## 05 히라가나 촉음 促音(そくおん)【 っ 】

Track 01-05

### 1 【 ㄱ 】발음 - か행 앞

がっき 악기　　はっきり 확실히　　ゆっくり 천천히

せっけん 비누　　がっこう 학교

### 2 【 ㅅ 】발음 - さ행 앞

きっさてん 찻집　　ざっし 잡지　　まっすぐ 똑바로

けっせき 결석　　しっそ 검소

### 3 【 ㄷ 】발음 - た행 앞

いったい 도대체　　しゅっちょう 출장　　きって 우표

ちょっと 잠깐　　しっとり 촉촉

### 4 【 ㅂ 】발음 - ぱ행 앞

いっぱい 가득　　いっぴき 한 마리　　いっぷん 일분

ほっぺた 볼　　しっぽ 꼬리

## 06 히라가나 발음 撥音(はつおん)【ん】

Track 01-06

### 1 【ㅁ】발음 - ま·ば·ぱ행 앞

さんま 꽁치　　せんむ 전무　　とんぼ 잠자리

えんぴつ 연필　　てんぷら 튀김　　さんぽ 산책

### 2 【ㄴ】발음 - さ·ざ·た·だ·な·ら행 앞

しんさ 심사　　ぎんざ 긴자(일본 지명)　　かんじ 한자　　おんち 음치

えんとつ 굴뚝　　おんど 온도　　あんない 안내

### 3 【ㅇ】발음 - か·が행 앞

かんこく 한국　　げんき 건강함　　おんがく 음악　　りんご 사과

### 4 【ㄴ+ㅇ】중간음 발음 - あ·は·や행 앞과 わ/ん

はんい 범위　　ほんや 책방　　でんわ 전화　　かばん 가방

## 07 히라가나 장음 長音(ちょうおん)

Track 01-07

**1** 【 a:】장음 - あ단 + あ

おかあさん 어머니 おばあさん 할머니

**2** 【 i:】장음 - い단 + い

おにいさん 형, 오빠 おじいさん 할아버지

いいえ 아뇨

**3** 【 u:】장음 - う단 + う

くうき 공기 ゆうき 용기

すうじ 숫자 せんぷうき 선풍기

**4** 【 e:】장음 - え단 + え, え단 + い

おねえさん 누나, 언니 せんせい 선생님

がくせい 학생 とけい 시계

**5** 【 o:】장음 - お단 + お, お단 + う

おおきい 크다 おおさか 오사카(일본 지명)

おとうさん 아버지 こうえん 공원

Check

잘 듣고 ①~④ 중에서 가장 알맞은 것을 골라 O표 하세요.

Track 01-08

**1** ① めこ ② ぬこ ③ ねこ ④ のこ

**2** ① かざ ② かさ ③ かぎ ④ かき

**3** ① じゅうもん ② しゅうもん ③ ちゅもん ④ ちゅうもん

**4** ① げせき ② げっせき ③ けっせぎ ④ けっせき

**5** ① おき ② おおき ③ おおきい ④ おぎい

Track 01-09
시작!
1
おはようございます。
안녕하세요?(아침 인사)
2
いただきます。
잘 먹겠습니다.
3
ごちそうさまでした。
잘 먹었습니다.
4
いってきます。
다녀오겠습니다.
5
いってらっしゃい。
잘 다녀오세요.
6
こんにちは。
안녕하세요?(낮 인사)
7
おひさしぶりです。
오랜만입니다.
8
あ！あぶない。
앗! 위험해.
9
だいじょうぶですか
괜찮습니까?

이어서 2과로…

# unit 02

가타카나(カタカナ)와 발음 익히기

## 01 가타카나 청음 清音(せいおん)

Track 02-01

ア행

| ア | イ | ウ | エ | オ |
|---|---|---|---|---|
| [a] | [i] | [u] | [e] | [o] |
| アイス | イタリア | ソウル | エアコン | オートバイ |
| 아이스 | 이탈리아 | 서울 | 에어컨 | 오토바이 |

カ행

| カ | キ | ク | ケ | コ |
|---|---|---|---|---|
| [ka] | [ki] | [ku] | [ke] | [ko] |
| カメラ | スキー | クッキー | ケーキ | コート |
| 카메라 | 스키 | 쿠키 | 케이크 | 코트 |

サ행
サ
[sa]
サラダ
샐러드
シ
[shi]
シアター
시어터
ス
[su]
スポーツ
스포츠
セ
[se]
セット
세트
ソ
[so]
ソース
소스

タ행
タ
[ta]
タオル
타월
チ
[chi]
チーズ
치즈
ツ
[tsu]
ツアー
투어
テ
[te]
テレビ
텔레비전
ト
[to]
トマト
토마토

## unit 02 가타카나(カタカナ)와 발음 익히기

### ナ행

### ハ행

マ행
マ
[ma]
マスカラ
마스카라
ミ
[mi]
ミルク
밀크
ム
[mu]
ゲーム
게임
メ
[me]
メール
메일
モ
[mo]
メモ
메모

ヤ행
ヤ
[ya]
タイヤ
타이어
ユ
[yu]
ユニフォーム
유니폼
ヨ
[yo]
ヨット
요트

## ラ행

| ラ | リ | ル | レ | ロ |
|---|---|---|---|---|
| [ra] | [ri] | [ru] | [re] | [ro] |
| ラジオ | リボン | ルビー | レストラン | メロン |
| 라디오 | 리본 | 루비 | 레스토랑 | 멜론 |

## ワ행, ン

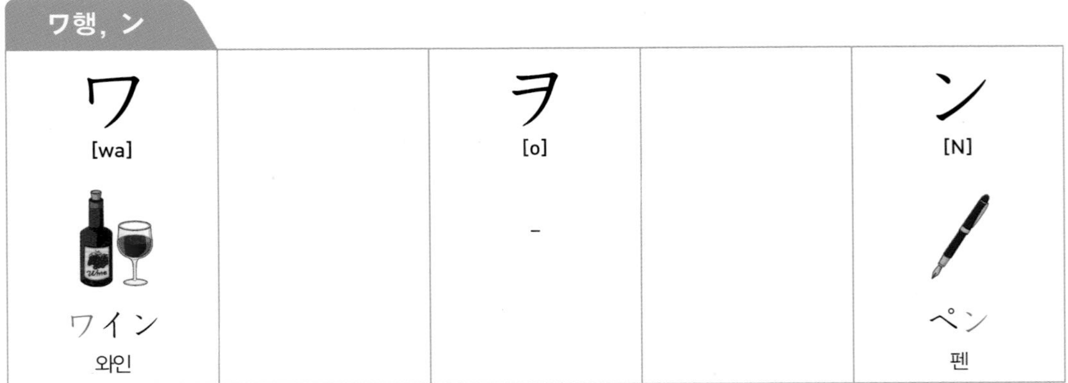

| ワ | | ヲ | | ン |
|---|---|---|---|---|
| [wa] | | [o] | | [N] |
| ワイン | | - | | ペン |
| 와인 | | | | 펜 |

## 02 가타카나 탁음 濁音(だくおん)

Track 02-02

**ガ행**

| ガ [ga] | ギ [gi] | グ [gu] | ゲ [ge] | ゴ [go] |
|---|---|---|---|---|

**ザ행**

| ザ [za] | ジ [ji] | ズ [zu] | ゼ [ze] | ゾ [zo] |
|---|---|---|---|---|

**ダ행**

| ダ [da] | ヂ [ji] | ヅ [zu] | デ [de] | ド [do] |
|---|---|---|---|---|

**バ행**

| バ [ba] | ビ [bi] | ブ [bu] | ベ [be] | ボ [bo] |
|---|---|---|---|---|

예

グループ 그룹
アドレス 주소
ドライブ 드라이브
ジャズ 재즈
テレビ 텔레비전
ホームページ 홈페이지
デート 데이트
バス 버스

## 03 가타카나 반탁음 半濁音(はんだくおん)

Track 02-03

パ행

| パ [pa] | ピ [pi] | プ [pu] | ペ [pe] | ポ [po] |
| --- | --- | --- | --- | --- |

예

パスタ 파스타
ピザ 피자
プードル 푸들
ペット 펫, 애완동물
ポテト 포테이토

## 04 가타카나 요음 拗音(ようおん)

Track 02-04

**キャ행**

| キャ | キュ | キョ |
|---|---|---|
| [kya] | [kyu] | [kyo] |

**ギャ행**

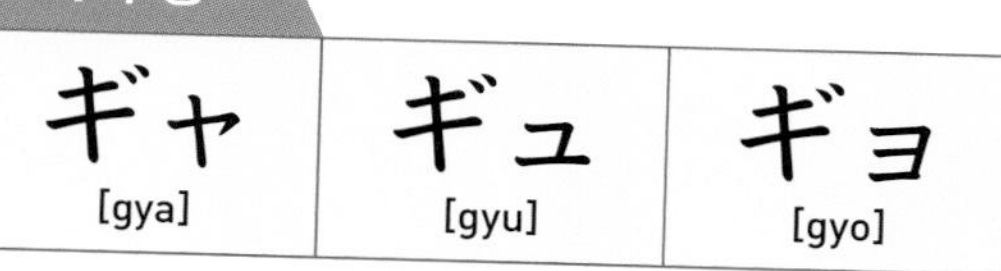

| ギャ | ギュ | ギョ |
|---|---|---|
| [gya] | [gyu] | [gyo] |

**シャ행**

| シャ | シュ | ショ |
|---|---|---|
| [sha] | [shu] | [sho] |

**ジャ행**

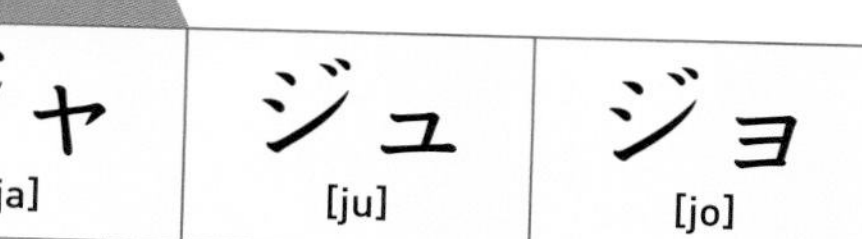

| ジャ | ジュ | ジョ |
|---|---|---|
| [ja] | [ju] | [jo] |

**チャ행**

| チャ | チュ | チョ |
|---|---|---|
| [cha] | [chu] | [cho] |

**ニャ행**

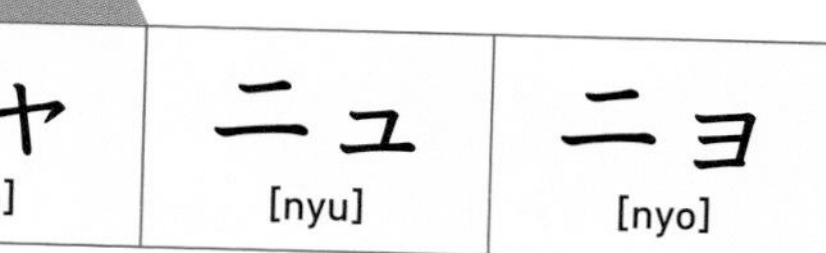

| ニャ | ニュ | ニョ |
|---|---|---|
| [nya] | [nyu] | [nyo] |

**ヒャ행**

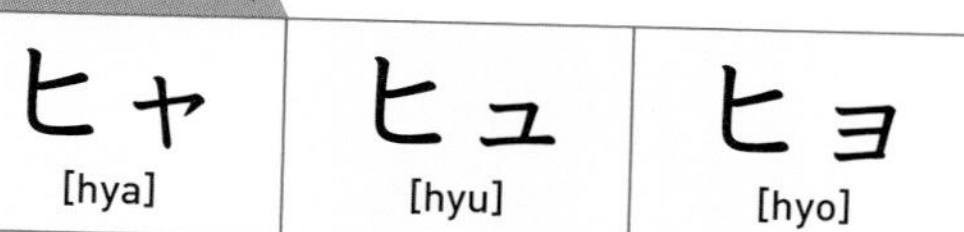

| ヒャ | ヒュ | ヒョ |
|---|---|---|
| [hya] | [hyu] | [hyo] |

**ビャ행**

| ビャ | ビュ | ビョ |
|---|---|---|
| [bya] | [byu] | [byo] |

**ピャ행**

| ピャ | ピュ | ピョ |
|---|---|---|
| [pya] | [pyu] | [pyo] |

**ミャ행**

| ミャ | ミュ | ミョ |
|---|---|---|
| [mya] | [myu] | [myo] |

**リャ행**

| リャ | リュ | リョ |
|---|---|---|
| [rya] | [ryu] | [ryo] |

예

キャラメル 캐러멜
シャツ 셔츠
ジュース 주스
ショップ 숍
チャンス 찬스
ヒューマニズム 휴머니즘
ニュース 뉴스

## 05 외래어와 특별음 外来語(がいらいご)と 特別音(とくべつおん)

Track 02-05

ファッション 패션
ボランティア 봉사
ウェブ 웹
スマートフォン 스마트폰
ビューティー 뷰티

## 06 가타카나 촉음 促音(そくおん) 【 ッ 】

Track 02-06

**예**

クリック 클릭　　ネックレス 목걸이　　メッセージ 메시지

ダイエット 다이어트　　ショッピング 쇼핑

## 07 가타카나 발음 撥音(はつおん) 【 ン 】

Track 02-07

**예**

ワンピース 원피스　　チキン 치킨　　コンサート 콘서트

フランス 프랑스　　ログイン 로그인

## 08 가타카나 장음 長音(ちょうおん) 【 ー 】

Track 02-08

**예**

コーヒー 커피　　スキー 스키　　ケーキ 케이크

メール 메일

## Check

잘 듣고 ①~④ 중에서 가장 알맞은 것을 골라 O표 하세요.

**1** ①スウル ②ソウル ③フウル ④メウル

**2** ① ケキー ②チキー ③フキー ④スキー

**3** ① メセージ ② メッセージ
③ メッセジ ④ メセジ

**4** ①ショップ ②ショッブ ③ シップ ④ショプ

**5** ①スマートフユン ②スマートフォン
③スマートファン ④スマートフョン

시작!
❶ だいじょうぶです。
괜찮습니다.
❷ すみません。
미안합니다.
❸ けがが なくて よかったです。
다친 데가 없어서 다행입니다.
❹ さようなら。
잘 가(잘 있어).
❺ またね。
또 봐.
❻ こんばんは。
안녕하세요?(저녁 인사)
❼ ただいま。
다녀왔습니다.
❽ おかえりなさい。
잘 다녀왔어요?
❾ おやすみなさい。
안녕히 주무세요.
끝

# はじめまして。

처음 뵙겠습니다.

**학습목표** 자기 소개 인사와 기본 명사 구문 익히기

Track 03-01

ジュンス　中村(なかむら)さん、こちらは 新入生(しんにゅうせい)の ワンさんです。

アリョ　はじめまして。ワン・アリョです。
どうぞ よろしく お願(ねが)いします。

美香(みか)　はじめまして。中村美香(なかむらみか)です。
こちらこそ よろしく。
ワンさんは 中国人(ちゅうごくじん)ですか。

アリョ　はい、そうです。
あの、失礼(しつれい)ですが、中村(なかむら)さんは イ先輩(せんぱい)の 恋人(こいびと)ですか。

美香(みか)　え? いいえ、恋人(こいびと)じゃ ありません。友(とも)だちです。

## 낱말과 표현

**～さん** ~씨
**こちら** 이쪽
**～は～です** ~은/는 ~입니다
**新入生(しんにゅうせい)** 신입생
**～の** ~인, ~의
**はじめまして** 처음 뵙겠습니다
**どうぞよろしくお願(ねが)いします** 잘 부탁드립니다
**こちらこそ** 저(이쪽이야)야말로
**中国人(ちゅうごくじん)** 중국인
**～ですか** ~입니까?
**はい、そうです** 네, 그렇습니다
**あの** 저
**失礼(しつれい)ですが** 실례합니다만
**先輩(せんぱい)** 선배
**恋人(こいびと)** 애인
**え？** 네?
**いいえ** 아니요
**～じゃ ありません** ~이/가 아닙니다

## 01 명사 は 명사 です ~은/는 ~입니다

私(わたし)は 韓国人(かんこくじん)です。

彼女(かのじょ)は 新入生(しんにゅうせい)です。

彼(かれ)は 友(とも)だちです。

私(わたし) 저, 나

韓国人(かんこくじん) 한국인

彼女(かのじょ) 그녀

新入生(しんにゅうせい) 신입생

彼(かれ) 그

友(とも)だち 친구

## 02 こちら 이쪽

こちらは キムさんです。

こちらは 中村(なかむら)さんです。

こちらこそ よろしく お願(ねが)いします。

낱말과 표현

~さん ~씨

こちらこそ 저(이쪽이)야말로

よろしく 잘

お願(ねが)いします 부탁드립니다

Track 03-02

## 03 명사 の 명사 ~인, ~의

① ~인 (동격)

先輩(せんぱい)の イさんです。

後輩(こうはい)の ワンさんです。

友(とも)だちの 中村(なかむら)さんです。

② ~의 (소유격)

私(わたし)の 友(とも)だち

先輩(せんぱい)の 恋人(こいびと)

ワンさんの 学校(がっこう)

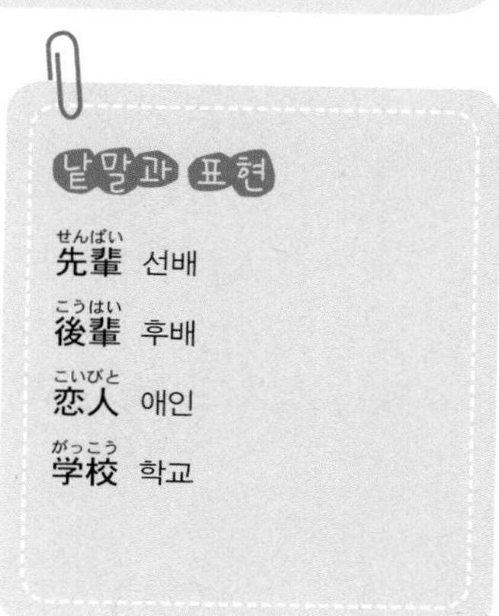


## 04 명사 ですか ~입니까?

新入生(しんにゅうせい)ですか。

友(とも)だちですか。

中国人(ちゅうごくじん)ですか。

## Grammar

Track 03-02

### 05 명사 では ありません(じゃ ありません) ~이/가 아닙니다

会社員(かいしゃいん)では ありません。

恋人(こいびと)では ありません。

友(とも)だちじゃ ありません。

낱말과 표현

会社員(かいしゃいん) 회사원

恋人(こいびと) 애인

**인칭대명사**

| 1인칭 | 2인칭 | 3인칭 |
|---|---|---|
| 私(わたし) 나, 저<br>私(わたくし) 저<br>僕(ぼく) 나(남자) | あなた 당신<br>君(きみ) 너, 자네 | 彼(かれ) 그<br>彼女(かのじょ) 그녀 |

**여러 나라 사람**

| | | | |
|---|---|---|---|
| 韓国人(かんこくじん)<br>한국인 | 日本人(にほんじん)<br>일본인 | 中国人(ちゅうごくじん)<br>중국인 | アメリカ人(じん)<br>미국인 |
| イタリア人(じん)<br>이탈리아인 | フランス人(じん)<br>프랑스인 | ドイツ人(じん)<br>독일인 | イギリス人(じん)<br>영국인 |

Track 03-03

## A 보기와 같이 연습해 봅시다.

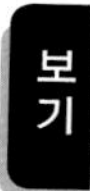

보기

はじめまして。私(わたし)は キム・ソヨンです。

会社員(かいしゃいん)です。どうぞ よろしく お願(ねが)いします。

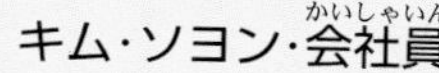

1 山田(やまだ)·医者(いしゃ)

2 吉本(よしもと)·小説家(しょうせつか)

3 木村(きむら)·歌手(かしゅ)

4 鈴木(すずき)·美容師(びようし)

5 佐藤(さとう)·銀行員(ぎんこういん)

6 ジャン·ミンミン·留学生(りゅうがくせい)

### 낱말과 표현

医者(いしゃ) 의사
小説家(しょうせつか) 소설가
歌手(かしゅ) 가수
美容師(びようし) 미용사
銀行員(ぎんこういん) 은행원
留学生(りゅうがくせい) 유학생

Track 03-04

보기

A : 韓国人(かんこくじん)ですか。

B : はい、そうです。

いいえ、韓国人(かんこくじん)では ありません。

(= 韓国人(かんこくじん)じゃ ありません。)

1 日本人(にほんじん)ですか。

2 中国人(ちゅうごくじん)ですか。

3 アメリカ人(じん)ですか。

4 イタリア人(じん)ですか。

韓国人(かんこくじん) 한국인
日本人(にほんじん) 일본인
中国人(ちゅうごくじん) 중국인
アメリカ人(じん) 미국인
イタリア人(じん) 이탈리아인

Track 03-05

## C

보기

A：彼(かれ)は 会社員(かいしゃいん)ですか。

B：はい、彼(かれ)は 会社員(かいしゃいん)です。

いいえ、彼(かれ)は 会社員(かいしゃいん)では ありません。

(= 会社員(かいしゃいん)じゃ ありません。)

彼(かれ)・会社員(かいしゃいん)

1 彼(かれ)は 医者(いしゃ)ですか。

2 彼女(かのじょ)は 歌手(かしゅ)ですか。

3 キムさんは 運転手(うんてんしゅ)ですか。

4 中村(なかむら)さんは モデルですか。

낱말과 표현

| | | |
|---|---|---|
| 彼(かれ) 그, 그 남자 | 彼女(かのじょ) 그녀 | モデル 모델 |
| 会社員(かいしゃいん) 회사원 | 歌手(かしゅ) 가수 | |
| 医者(いしゃ) 의사 | 運転手(うんてんしゅ) 운전수 | |

# 톡톡 체크 Check

**어휘·문법**

①~④중에서 가장 알맞은 것을 골라 O표 하세요.

**1** 彼女(かのじょ)は <u>新入生</u>です。

① しんにうせい　② しんにゅうせ

③ しんにゅせい　④ しんにゅうせい

**2** 彼(かれ)は 私(わたし)___★___ 友(とも)だちです。

① が　② は　③ の　④ か

**3** A: 日本人(にほんじん)ですか。

B: いいえ、日本人(にほんじん)____★____。

① でゃ ありません　② では ありません

③ ありません　④ ないです

**청취**

Track 03-06

잘 듣고 ①~④중에서 질문의 답으로 가장 알맞은 것을 골라 O표 하세요.

**1** イさんは ____です。

① 友(とも)だち　② 新入生　③ 学生(がくせい)　④ 会社員(かいしゃいん)

**2** ワンさんは ____です。

① 友(とも)だち　② 新入生　③ 日本人(にほんじん)　④ 会社員(かいしゃいん)

**3** 中村(なかむら)さんは ____です。

① 友(とも)だち　② 新入生　③ 先輩(せんぱい)　④ 会社員(かいしゃいん)

## Kanji & Katakana

### 한자

| がくせい<br>学生<br>학생 | がくせい<br>学生 | がくせい<br>学生 | | |
|---|---|---|---|---|
| こいびと<br>恋人<br>애인 | こいびと<br>恋人 | こいびと<br>恋人 | | |
| かいしゃいん<br>会社員<br>회사원 | かいしゃいん<br>会社員 | かいしゃいん<br>会社員 | | |
| かんこくじん<br>韓国人<br>한국인 | かんこくじん<br>韓国人 | かんこくじん<br>韓国人 | | |
| に ほんじん<br>日本人<br>일본인 | に ほんじん<br>日本人 | に ほんじん<br>日本人 | | |
| ちゅう ごくじん<br>中国人<br>중국인 | ちゅうごくじん<br>中国人 | ちゅうごくじん<br>中国人 | | |

### 가타카나

| モデル<br>모델 | モデル | |
|---|---|---|
| アメリカ<br>미국 | アメリカ | |
| イギリス<br>영국 | イギリス | |

# 학생입니까?

Track 03-07

**보기**

그림을 보면서 다음과 같이 이야기해 보세요.

A：学生(がくせい)ですか。

B：はい、学生(がくせい)です。

いいえ、学生(がくせい)では ありません(= 学生(がくせい)じゃ ありません)。

学生(がくせい)
학생

会社員(かいしゃいん)
회사원

モデル
모델

記者(きしゃ)
기자

公務員(こうむいん)
공무원

タレント
탤런트

しゅふ
**主婦**
주부

べんごし
**弁護士**
변호사

きょうし
**教師**
교사

かんごし
**看護師**
간호사

**プログラマー**
프로그래머

**デザイナー**
디자이너

ぐんじん
**軍人**
군인

せんしゅ
**選手**
선수

**コーチ**
코치

# この スマートフォンは だれのですか。

## 이 스마트폰은 누구의 것입니까?

**학습목표** 지시대명사와 의문사 익히기, 전화번호 묻고 답하기

Track 04-01

ジュンス　これは だれの ケータイですか。

美香(みか)　それは 私(わたし)のです。

ジュンス　最新型(さいしんがた)の スマートフォンですね。

これは 何(なん)の アプリですか。

美香(みか)　ショッピングの アプリです。

ジュンス　中村(なかむら)さんの 電話番号(でんわばんごう)は 何番(なんばん)ですか。

美香(みか)　010 - 5423 - 9867(ぜろいちぜろ の ごよんにさん の きゅうはちろくなな)です。イさんの 電話番号(でんわばんごう)は?

ジュンス　010 - 9724 - 3568(ぜろいちぜろ の きゅうななによん の さんごろくはち)です。

낱말과 표현

**これ** 이것
**だれ** 누구
**～の** ~의, ~의 것
**それ** 그것
**ケータイ** 휴대전화
**最新型(さいしんがた)** 최신형
**スマートフォン** 스마트폰
**～ですね** ~군요, ~네요
**何(なん)の** 어떤, 무슨
**アプリ** 앱(アプリケーション의 약자)
**ショッピング** 쇼핑
**電話番号(でんわばんごう)** 전화번호
**何番(なんばん)** 몇 번

## 01 これ, それ, あれ, どれ 이것, 그것, 저것, 어느 것

| これ 이것 | それ 그것 | あれ 저것 | どれ 어느 것 |
|---|---|---|---|
| こちら 이쪽 | そちら 그쪽 | あちら 저쪽 | どちら 어느 쪽 |
| こんな 이런 | そんな 그런 | あんな 저런 | どんな 어떤 |
| この 이 | その 그 | あの 저 | どの 어느 |
| ここ 여기 | そこ 거기 | あそこ 저기 | どこ 어디 |

## 02 何(なん)ですか 무엇입니까?

これは 何(なん)ですか。

何(なん)の 本(ほん)ですか。

何番(なんばん)ですか。

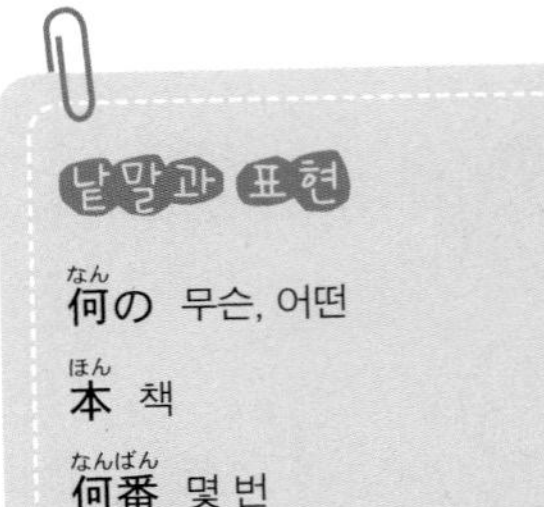
낱말과 표현

何(なん)の 무슨, 어떤

本(ほん) 책

何番(なんばん) 몇 번

## 03 だれの 명사 ですか 누구의 ~입니까?

① **だれ 누구**

彼女(かのじょ)は だれですか。

あの 人(ひと)は だれですか。

だれの ケータイですか。

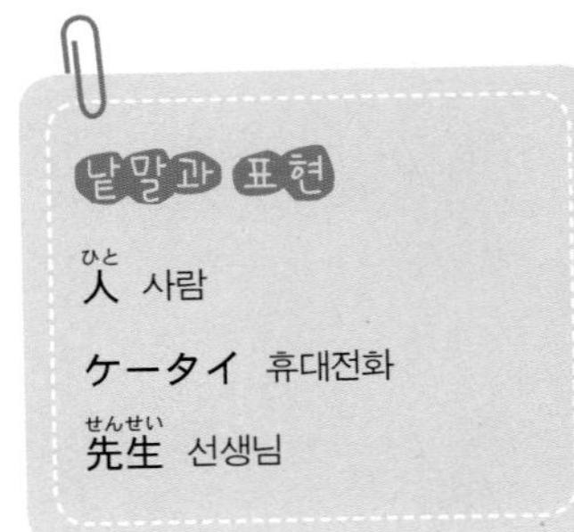
낱말과 표현

人(ひと) 사람

ケータイ 휴대전화

先生(せんせい) 선생님

Track 04-02

② ～の ~의 것 (소유대명사)

これは 私(わたし)のです。

この 本(ほん)は 先生(せんせい)のです。

## 04 電話番号(でんわばんごう) 전화번호

家(いえ)の 電話番号(でんわばんごう)は 02-546-1679(ぜろ に の ご よん ろく の いち ろく なな きゅう)です。

会社(かいしゃ)の 電話番号(でんわばんごう)は 02-337-5678(ぜろ に の さん さん なな の ご ろく なな はち)です。

ケータイの 電話番号(でんわばんごう)は 010-9724-3568(ぜろ いち ぜろ の きゅう なな に よん の さん ご ろく はち)です。

| 숫자 1~10 | | | | | |
|---|---|---|---|---|---|
| 0<br>ゼロ, れい,<br>まる | 1<br>いち | 2<br>に | 3<br>さん | 4<br>よん, し | 5<br>ご |
| 6<br>ろく | 7<br>なな, しち | 8<br>はち | 9<br>きゅう, く | 10<br>じゅう | |

Track 04-03

## A 보기와 같이 연습해 봅시다.

**보기**

A：これは 何(なん)ですか。

B：それは スマートフォンです。

スマートフォン

1 これは 何(なん)ですか。

本(ほん)

2 これは 何(なん)ですか。

かさ

3 それは 何(なん)ですか。

新聞(しんぶん)

4 それは 何(なん)ですか。

めがね

本(ほん) 책　　新聞(しんぶん) 신문

かさ 우산　　めがね 안경

Track 04-04

A：この 本(ほん)は だれのですか。

B：それは 私(わたし)のです。

私(わたし)

1 この ボールペンは だれのですか。

先生(せんせい)

2 この 財布(さいふ)は だれのですか。

中村(なかむら)さん

3 その ノートパソコンは だれのですか。

イ・ジュンスさん

4 その かばんは だれのですか。

マ・ユナさん

ボールペン 볼펜
財布(さいふ) 지갑
ノートパソコン 노트북 컴퓨터
かばん 가방

Track 04-05

ショッピング・アプリ

A：何(なん)の アプリですか。

B：ショッピングの アプリです。

1 何(なん)の 雑誌(ざっし)ですか。

ファッション・雑誌(ざっし)

2 何(なん)の 本(ほん)ですか。

日本語(にほんご)・本(ほん)

3 何(なん)の サイトですか。

旅行(りょこう)・サイト

4 何(なん)の 授業(じゅぎょう)ですか。

英語(えいご)・授業(じゅぎょう)

雑誌(ざっし) 잡지
旅行(りょこう) 여행
英語(えいご) 영어
日本語(にほんご) 일본어
サイト 사이트
授業(じゅぎょう) 수업

## Pattern practice

Track 04-06

A：中村(なかむら)さんの 電話番号(でんわばんごう)は 何番(なんばん)ですか。

B：010－3542－9867です。

010-3542-9867

1. 病院(びょういん)の 電話番号(でんわばんごう)は 何番(なんばん)ですか。

02-384-1620

2. 会社(かいしゃ)の 電話番号(でんわばんごう)は 何番(なんばん)ですか。

032-798-7042

3. 学校(がっこう)の 電話番号(でんわばんごう)は 何番(なんばん)ですか。

02-3290-3698

4. 銀行(ぎんこう)の 電話番号(でんわばんごう)は 何番(なんばん)ですか。

02-537-1684

| | |
|---|---|
| 病院(びょういん) 병원 | 学校(がっこう) 학교 |
| 会社(かいしゃ) 회사 | 銀行(ぎんこう) 은행 |

Check

어휘·문법

①~④ 중에서 가장 알맞은 것을 골라 O표 하세요.

**1** 中村(なかむら)さんの 電話番号は?

① でんわばんごう　② でんはばんごう
③ でんわばんご　④ てんわばんごう

**2** ＿★＿ 本(ほん)は 私(わたし)のです。

① これ　② この　③ こちら　④ ここ

**3** これは ＿★＿ スマートフォンですか。

① だれ　② どれ　③ だれの　④ どれの

청취

Track 04-07

잘 듣고 ①~④ 중에서 질문의 답으로 가장 알맞은 것을 골라 O표 하세요.

**1** スマートフォンは だれのですか。

① 中村(なかむら)さん　② 山田(やまだ)さん
③ ワンさん　④ イさん

**2** 本(ほん)は だれのですか。

① 先生(せんせい)　② 山田(やまだ)さん
③ 中村(なかむら)さん　④ ワンさん

**3** ノートパソコンは だれのですか。

① イさん　② 中村(なかむら)さん
③ ワンさん　④ 山田(やまだ)さん

## Kanji & Katakana

### 한자

| | | | | |
|---|---|---|---|---|
| さいしんがた<br>最新型<br>최신형 | さいしんがた<br>最新型 | さいしんがた<br>最新型 | | |
| でんわ<br>電話<br>전화 | でんわ<br>電話 | でんわ<br>電話 | | |
| ばんごう<br>番号<br>번호 | ばんごう<br>番号 | ばんごう<br>番号 | | |
| なんばん<br>何番<br>몇 번 | なんばん<br>何番 | なんばん<br>何番 | | |
| せんせい<br>先生<br>선생님 | せんせい<br>先生 | せんせい<br>先生 | | |

### 가타카나

| | | |
|---|---|---|
| スマートフォン<br>스마트폰 | スマートフォン | |
| ボールペン<br>볼펜 | ボールペン | |
| ケータイ<br>휴대전화 | ケータイ | |

## 무엇입니까?

Track 04-08

보기

그림을 보면서 다음과 같이 이야기해 보세요.

A：これは 何(なん)ですか。

B：それは めがねです。

| | | |
|---|---|---|
| <br><br>本(ほん)<br>책 | 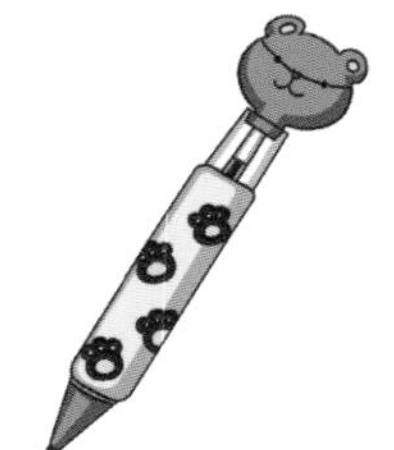<br>ボールペン<br>볼펜 | <br>ノートパソコン<br>노트북 컴퓨터 |
| 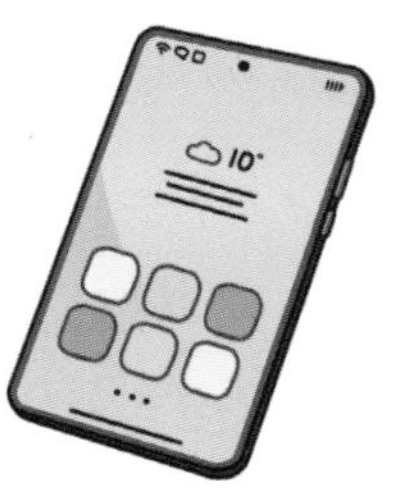<br><br>スマートフォン<br>스마트폰 | <br>新聞(しんぶん)<br>신문 | <br><br>財布(さいふ)<br>지갑 |

| | | |
|---|---|---|
|  |  |  |
| 時計(とけい)<br>시계 | めがね<br>안경 | かさ<br>우산 |
|  |  |  |
| かばん<br>가방 | くつ<br>구두 | 雑誌(ざっし)<br>잡지 |
|  |  |  |
| 車(くるま)<br>자동차 | 自転車(じてんしゃ)<br>자전거 | カメラ<br>카메라 |

# 今(いま) 何時(なんじ)ですか。

**지금 몇 시입니까?**

**학습목표** 시간 묻고 답하기

대학로 마로니에 공원
PM 06:00
준수 씨, 뮤지컬은 몇 시부터예요?
오후 7시부터예요.
지금 몇 시예요?
6시 정각이에요.
그럼 6시 30분까지 커피라도 어때요?
cafe bebe
좋네요~!!

## Dialogue

美香(みか)　ミュージカルは 何時(なんじ)からですか。

ジュンス　午後(ごご) 7時(しちじ)からです。

美香(みか)　今(いま) 何時(なんじ)ですか。

ジュンス　ちょうど 6時(ろくじ)です。

美香(みか)　じゃ、6時(ろくじ) 30分(さんじゅっぷん)まで コーヒーでも どうですか。

ジュンス　いいですね。

### 낱말과 표현

**ミュージカル** 뮤지컬
**何時(なんじ)** 몇 시
**~から** ~부터
**午後(ごご)** 오후
**~時(じ)** ~시
**今(いま)** 지금
**ちょうど** 정각
**じゃ** 그럼
**~分(ふん)** ~분
**~まで** ~까지
**コーヒー** 커피
**~でも** ~라도
**どうですか** 어때요?
**いいですね** 좋네요, 괜찮네요

## 01 今(いま) 何時(なんじ)ですか 지금 몇 시입니까?

① 時間(じかん) 시간

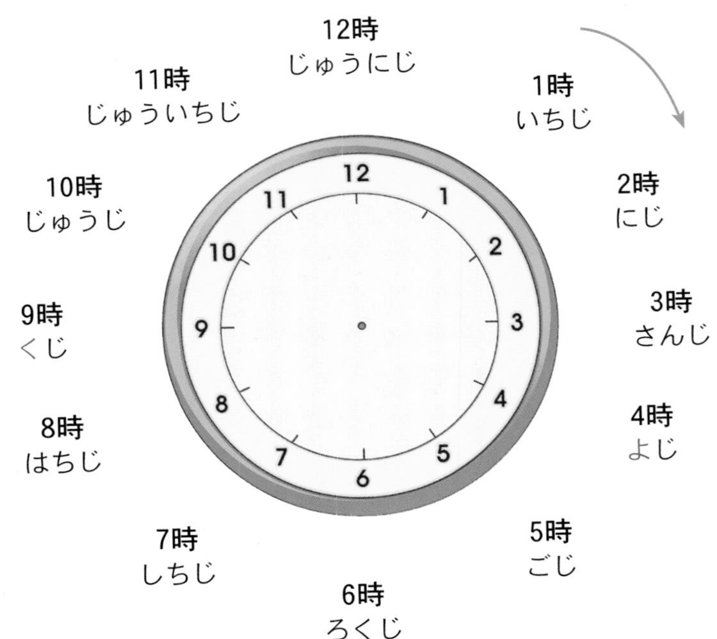

Track 05-02

## ② 分(ふん) 분

| 1分<br>いっぷん | 2分<br>にふん | 3分<br>さんぷん | 4分<br>よんぷん | 5分<br>ごふん |
|---|---|---|---|---|
| 6分<br>ろっぷん | 7分<br>しちふん,<br>ななふん | 8分<br>はっぷん,<br>はちふん | 9分<br>きゅうふん | 10分<br>じっぷん<br>じゅっぷん |
| 20分<br>にじっぷん,<br>にじゅっぷん | 30分<br>さんじっぷん,<br>さんじゅっぷん<br>半 (はん) | 40分<br>よんじっぷん,<br>よんじゅっぷん | 50分<br>ごじっぷん,<br>ごじゅっぷん | 何分<br>なんぷん<br>몇 분 |

## ③ 시간과 관련된 어휘 익히기

午前(ごぜん) 오전

午後(ごご) 오후

ちょうど 정각

前(まえ) 전

朝(あさ) 아침

昼(ひる) 점심

夜(よる) 저녁

晩(ばん) 밤

夜中(よなか) 한밤중

明(あ)け方(がた), 夜明(よあ)け 새벽

朝(あさ) 7時(じ) 아침 7시

午前(ごぜん) 10時(じ) 오전 10시

午後(ごご) 4時(じ) 오후 4시

夜(よる) 10時(じ) 밤 10시

Track05-02

## 02 ～から ～まで ～부터 ～까지

何時(なんじ)から 何時(なんじ)までですか。

午前(ごぜん) 9時(じ) 30分(ぷん)から 午後(ごご) 5時(じ)までです。

朝(あさ)から 晩(ばん)まで

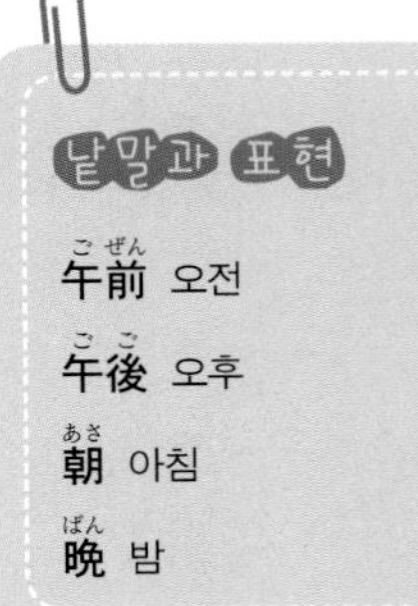


## 03 명사 でも どうですか ～라도 어때요?

コーヒーでも どうですか。

お茶(ちゃ)でも どうですか。

散歩(さんぽ)でも どうですか。

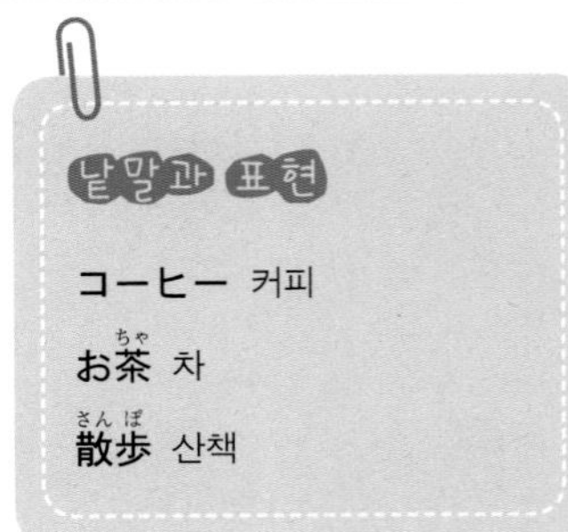

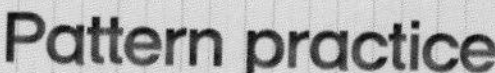


Track 05-03

## A 보기와 같이 연습해 봅시다.

A : 今(いま) 何時(なんじ)ですか。

B : 5時(じ) 15分(ふん)です。

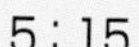

1 2 : 10

2 4 : 20

3 7 : 35

4 9 : 48

5 10 : 50

6 12 : 30

今(いま) 지금

## B

Track 05-04

보기

A：銀行(ぎんこう)は 何時(なんじ)から 何時(なんじ)までですか。

B：午前(ごぜん) 9時(じ)から 午後(ごご) 4時(じ)までです。

AM9：00~PM4：00

1 病院(びょういん)は 何時(なんじ)から 何時(なんじ)までですか。

AM9：00~PM6：00

2 デパートは 何時(なんじ)から 何時(なんじ)までですか。

AM9：30~PM8：00

3 レストランは 何時(なんじ)から 何時(なんじ)までですか。

AM11：00~PM10：30

4 授業(じゅぎょう)は 何時(なんじ)から 何時(なんじ)までですか。

AM9：00~9：50

病院(びょういん) 병원　　レストラン 레스토랑

デパート 백화점　　授業(じゅぎょう) 수업

Track 05-05

A：コーヒーでも どうですか。

B：いいですね。

コーヒー

1 お茶(ちゃ)

2 食事(しょくじ)

3 ドライブ

4 ビール

5 映画(えいが)

6 散歩(さんぽ)

낱말과 표현

| | | |
|---|---|---|
| お茶(ちゃ) 차 | ドライブ 드라이브 | 映画(えいが) 영화 |
| 食事(しょくじ) 식사 | ビール 맥주 | 散歩(さんぽ) 산책 |

Check

어휘·문법

①~④중에서 가장 알맞은 것을 골라 O표 하세요.

**1** 午前 9時です。

① ごぜん　② ごせん　③ こぜん　④ こせん

**2** ちょうど 4時です。

① よんじ　② しじ　③ しんじ　④ よじ

**3** ミュージカルは 何時(なんじ)から 何時(なんじ)＿★＿ですか。

① まだ　② まで　③ また　④ まど

청취

Track 05-06

잘 듣고 ①~④중에서 질문의 답으로 가장 알맞은 것을 골라 O표 하세요.

**1** 授業(じゅぎょう)は 何時(なんじ)からですか。

① 8時(じ)　② 9時(じ)　③ 10時(じ)　④ 11時(じ)

**2** ミュージカルは 何時(なんじ)までですか。

① 6時(じ)　② 7時(じ)　③ 8時(じ)　④ 9時(じ)

**3** デパートは 何時(なんじ)から 何時(なんじ)までですか。

① AM8:30～PM10:30　② AM10:30～PM8:30

③ AM9:30～PM8:30　④ AM11:30～PM9:30

Kanji & Katakana

한자

| | | | | |
|---|---|---|---|---|
| なんじ<br>何時<br>몇 시 | なんじ<br>何時 | なんじ<br>何時 | | |
| ごぜん<br>午前<br>오전 | ごぜん<br>午前 | ごぜん<br>午前 | | |
| ごご<br>午後<br>오후 | ごご<br>午後 | ごご<br>午後 | | |
| あさ<br>朝<br>아침 | あさ<br>朝 | あさ<br>朝 | | |
| ひる<br>昼<br>점심 | ひる<br>昼 | ひる<br>昼 | | |
| よる<br>夜<br>밤 | よる<br>夜 | よる<br>夜 | | |

가타카나

| | | |
|---|---|---|
| コーヒー<br>커피 | コーヒー | |
| デパート<br>백화점 | デパート | |
| レストラン<br>레스토랑 | レストラン | |

# 몇 시부터 몇 시까지예요?

Track 05-07

**보기**

그림을 보면서 다음과 같이 이야기해 보세요.

A : 図書館(としょかん)は 何時(なんじ)から 何時(なんじ)までですか。

B : 午前(ごぜん) 5時(じ)から 午後(ごご) 11時(じ)までです。

図書館(としょかん)
AM5 : 00~PM11 : 00
도서관

食堂(しょくどう)
AM11 : 30~PM10 : 00
식당

デパート
AM9 : 30~PM8 : 00
백화점

スーパー
AM9 : 30~PM11 : 00
슈퍼마켓

スポーツクラブ
AM6 : 00~AM12 : 00
스포츠 클럽

塾(じゅく)
AM6 : 00~PM10 : 30
학원

映画館(えいがかん)
AM8 : 00~PM11 : 50
영화관

カラオケ
AM11 : 00~PM10 : 00
노래방

地下鉄(ちかてつ)
AM5 : 10~PM11 : 55
지하철

コンビニ
24時間営業(じかんえいぎょう)
편의점

銀行(ぎんこう)
AM9 : 00~PM4 : 00
은행

美容院(びよういん)
AM10 : 00~PM9 : 00
미용실

本屋(ほんや)
AM10 : 00~PM9 : 00
서점

コーヒーショップ
AM7 : 00~PM10 : 00
커피숍

郵便局(ゆうびんきょく)
AM9 : 00~PM5 : 00
우체국

# お誕生日(たんじょうび)はいつですか。

**생일은 언제입니까?**

**학습목표** 생년월일, 날짜, 요일 묻고 답하기

Track 06-01

| | |
|---|---|
| アリョ | 失礼(しつれい)ですが、中村(なかむら)さんは イ先輩(せんぱい)と 同(おな)い年(どし)ですか。 |
| 美香(みか) | いいえ、私(わたし)は 2000年(ねん)生(う)まれ。彼(かれ)より 一(ひと)つ 上(うえ)です。 |
| アリョ | 年上(としうえ)の 友(とも)だちですか。 |
| 美香(みか) | そうですよ。でも 誕生日(たんじょうび)は 同(おな)じ日(ひ)です。 |
| アリョ | え！ うそ！ 本当(ほんとう)ですか。 |
| 美香(みか) | 本当(ほんとう)ですよ。<br>4月(しがつ) 20日(はつか)、今週(こんしゅう)の 土曜日(どようび)が 私(わたし)と ジュンスさんの 誕生日(たんじょうび)です。 |
| アリョ | お誕生日(たんじょうび) おめでとうございます。<br>イ先輩(せんぱい)と 同(おな)じ誕生日(たんじょうび)ですか。いいなあ。 |

### 낱말과 표현

**失礼(しつれい)ですが** 실례합니다만

**～と** ~와/과

**同(おな)い年(どし)** 동갑

**～年(ねん)** ~년

**～生(う)まれ** ~생

**～より** ~보다

**一(ひと)つ** 하나(한 살)

**上(うえ)** 위

**年上(としうえ)** 연상

**友(とも)だち** 친구

**そうですよ** 그렇습니다

**～よ** 상대방에게 자신의 생각이나 주장을 나타낼 때 사용하는 종조사

**でも** 하지만

**誕生日(たんじょうび)** 생일

**同(おな)じ～** 같은 ~

**日(ひ)** 날

**うそ** 거짓말

**本当(ほんとう)ですよ** 정말입니다

**今週(こんしゅう)** 이번 주

**土曜日(どようび)** 토요일

**お誕生日(たんじょうび)** 생일(お를 더하여 존경 · 친애의 뜻을 나타냄)

**おめでとうございます** 축하드립니다

**いいなあ** 좋겠다(혼잣말)

## 01 いつですか 언제입니까?

お誕生日(たんじょうび)は いつですか。

休(やす)みは いつですか。

記念日(きねんび)は いつですか。

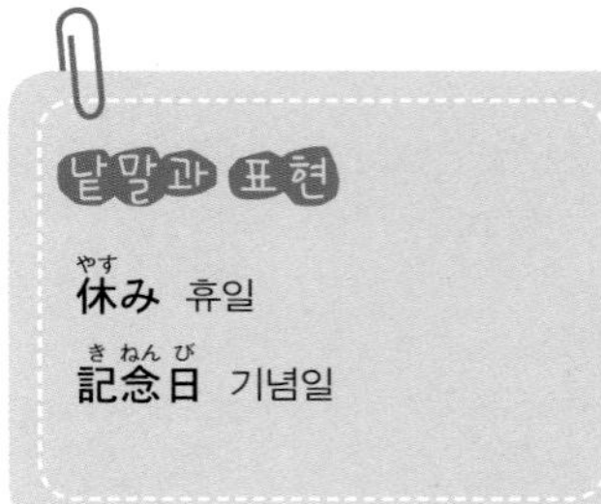

## 02 월, 일, 요일

### ① 何月(なんがつ) 몇 월

| | | | |
|---|---|---|---|
| **1月**<br>いちがつ<br>1월 | **2月**<br>にがつ<br>2월 | **3月**<br>さんがつ<br>3월 | **4月**<br>しがつ<br>4월 |
| **5月**<br>ごがつ<br>5월 | **6月**<br>ろくがつ<br>6월 | **7月**<br>しちがつ<br>7월 | **8月**<br>はちがつ<br>8월 |
| **9月**<br>くがつ<br>9월 | **10月**<br>じゅうがつ<br>10월 | **11月**<br>じゅういちがつ<br>11월 | **12月**<br>じゅうにがつ<br>12월 |

Track 06-02

## ② 何日(なんにち) 며칠

| 1日<br>ついたち<br>1일 | 2日<br>ふつか<br>2일 | 3日<br>みっか<br>3일 | 4日<br>よっか<br>4일 | 5日<br>いつか<br>5일 | 6日<br>むいか<br>6일 | 7日<br>なのか<br>7일 |
|---|---|---|---|---|---|---|
| 8日<br>ようか<br>8일 | 9日<br>ここのか<br>9일 | 10日<br>とおか<br>10일 | 11日<br>じゅう<br>いちにち<br>11일 | 12日<br>じゅう<br>ににち<br>12일 | 13日<br>じゅう<br>さんにち<br>13일 | 14日<br>じゅう<br>よっか<br>14일 |
| 15日<br>じゅう<br>ごにち<br>15일 | 16日<br>じゅう<br>ろくにち<br>16일 | 17日<br>じゅう<br>しちにち<br>17일 | 18日<br>じゅう<br>はちにち<br>18일 | 19日<br>じゅう<br>くにち<br>19일 | 20日<br>はつか<br>20일 | 21日<br>にじゅう<br>いちにち<br>21일 |
| 22日<br>にじゅう<br>ににち<br>22일 | 23日<br>にじゅう<br>さんにち<br>23일 | 24日<br>にじゅう<br>よっか<br>24일 | 25日<br>にじゅう<br>ごにち<br>25일 | 26日<br>にじゅう<br>ろくにち<br>26일 | 27日<br>にじゅう<br>しちにち<br>27일 | 28日<br>にじゅう<br>はちにち<br>28일 |
| 29日<br>にじゅう<br>くにち<br>29일 | 30日<br>さんじゅう<br>にち<br>30일 | 31日<br>さんじゅう<br>いちにち<br>31일 | | | | |

③ 何曜日(なんようび) 무슨 요일

| 月曜日<br>げつようび<br>월요일 | 火曜日<br>かようび<br>화요일 | 水曜日<br>すいようび<br>수요일 | 木曜日<br>もくようび<br>목요일 | 金曜日<br>きんようび<br>금요일 | 土曜日<br>どようび<br>토요일 | 日曜日<br>にちようび<br>일요일 |
|---|---|---|---|---|---|---|

④ 시일 관련 표현

| 一昨日<br>おととい<br>그저께 | 昨日<br>きのう<br>어제 | 今日<br>きょう<br>오늘 | 明日<br>あした<br>내일 | 明後日<br>あさって<br>모레 |
|---|---|---|---|---|
| 先々週<br>せんせんしゅう<br>지지난주 | 先週<br>せんしゅう<br>지난주 | 今週<br>こんしゅう<br>이번 주 | 来週<br>らいしゅう<br>다음 주 | 再来週<br>さらいしゅう<br>다음다음 주 |
| 一昨年<br>おととし<br>재작년 | 去年<br>きょねん<br>작년 | 今年<br>ことし<br>올해 | 来年<br>らいねん<br>내년 | 再来年<br>さらいねん<br>내후년 |

今日(きょう)は 何曜日(なんようび)ですか。

明日(あした)は 何曜日(なんようび)ですか。

明後日(あさって)は 何曜日(なんようび)ですか。

Track 06-02

## 03 ～生(う)まれ ～생

何年(なんねん)生(う)まれですか。

2000年(ねん)生(う)まれです。

中村(なかむら)さんは 東京(とうきょう)生(う)まれです。

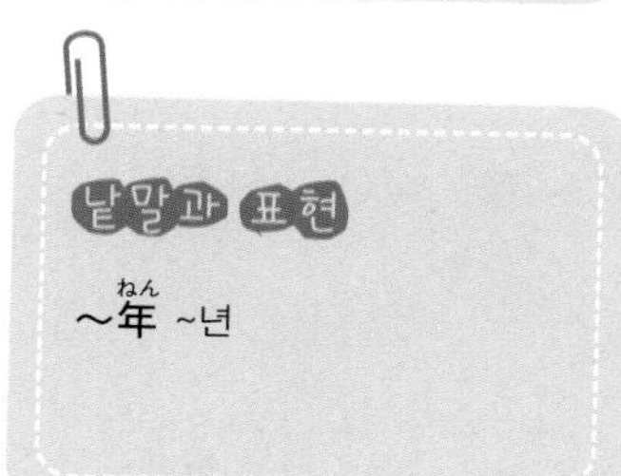


## 04 조수사 1

| 一つ<br>ひとつ<br>하나 | 二つ<br>ふたつ<br>둘 | 三つ<br>みっつ<br>셋 | 四つ<br>よっつ<br>넷 | 五つ<br>いつつ<br>다섯 | 六つ<br>むっつ<br>여섯 |
|---|---|---|---|---|---|
| 七つ<br>ななつ<br>일곱 | 八つ<br>やっつ<br>여덟 | 九つ<br>ここのつ<br>아홉 | 十<br>とお<br>열 | 十一<br>じゅういち<br>열 하나 | いくつ<br>몇 개 |

Grammar

Track 06-02

## 05 명사 と ~와/과, ~하고

20日(はつか)は 私(わたし)と イさんの 誕生日(たんじょうび)です。

今日(きょう)と 明日(あした)は 休(やす)みです。

中村(なかむら)さんと キムさんは 会社員(かいしゃいん)です。

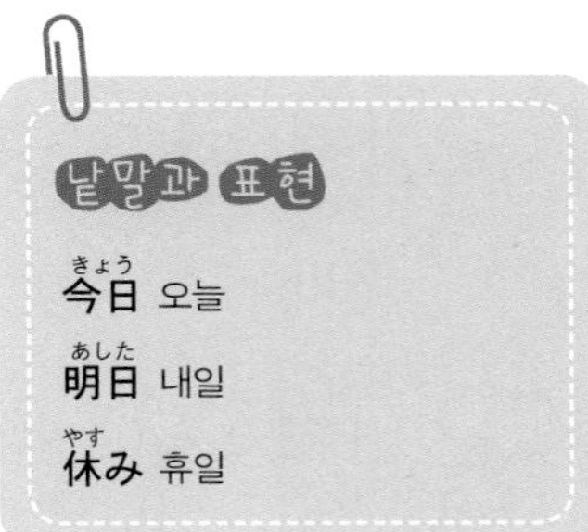


## 06 명사 より ~보다

私(わたし)は 中村(なかむら)さんより 二(ふた)つ 年上(としうえ)です。

先輩(せんぱい)より 一(ひと)つ 年下(としした)です。

彼(かれ)は 彼女(かのじょ)より 三(みっ)つ 下(した)です。

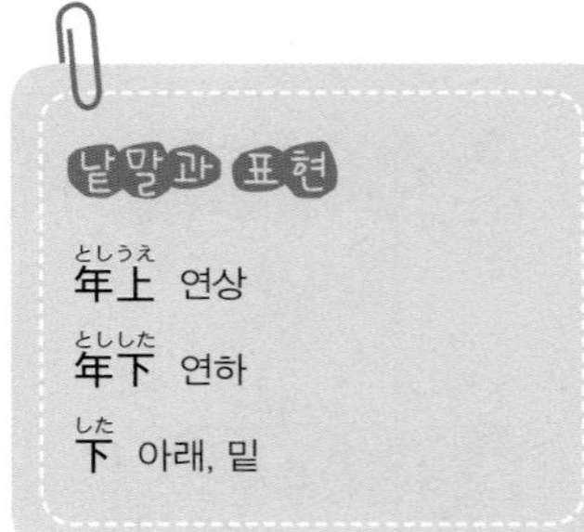

## Pattern practice

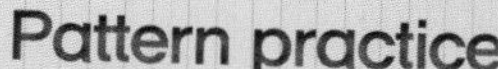

보기와 같이 연습해 봅시다.

A：中村(なかむら)さんの お誕生日(たんじょうび)は いつですか。

B：4月(がつ) 20日(はつか)です。

中村(なかむら)・4月 20日

1 ワン·アリョ・6月 8日

2 鈴木(すずき)・7月 31日

3 遠藤(えんどう)・11月 1日

4 橋本(はしもと)・9月 5日

5 田中(たなか)・3月 14日

6 キム·ジュウォン・12月 10日

**お誕生日(たんじょうび)** 생일(お를 더하여 존경 · 친애의 뜻을 나타냄)

Track 06-04

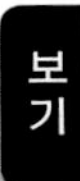


A：何月(なんがつ) 何日(なんにち) 何曜日(なんようび)ですか。

B：4月(がつ) 3日(みっか) 日曜日(にちようび)です。

1 3月 2日 水曜日(すいようび)

2 4月 7日 木曜日(もくようび)

3 5月 9日 月曜日(げつようび)

4 6月 24日 金曜日(きんようび)

5 8月 6日 土曜日(どようび)

6 10月 4日 火曜日(かようび)

## Pattern practice

Track 06-05

A：休(やす)みは いつから いつまでですか。

B：休(やす)みは 7月(がつ) 31日(にち)から 8月(がつ) 6日(むいか)までです。

休(やす)み・7/31~8/6

1 テスト・4/19~4/23

2 雪祭(ゆきまつ)り・2/7~2/13

3 コンサート・3/20~4/10

4 ミュージカル公演(こうえん)・2/14~5/29

5 夏休(なつやす)み・7/10~8/30

6 冬休(ふゆやす)み・12/10～2/28

**낱말과 표현**

- **休(やす)み** 휴일
- **テスト** 시험
- **雪祭(ゆきまつ)り** 눈 축제
- **コンサート** 콘서트
- **ミュージカル** 뮤지컬
- **公演(こうえん)** 공연
- **夏休(なつやす)み** 여름 방학
- **冬休(ふゆやす)み** 겨울 방학

Check

어휘·문법

①~④ 중에서 가장 알맞은 것을 골라 O표 하세요.

**1** 今日(きょう)は 4月 14日です。

① しがつ じゅうよんにち　② しがつ じゅうよっか

③ よんがつ じゅうよんにち　④ よんがつ じゅうよっか

**2** 明日(あした)は 土曜日です。

① とよび　② どよび　③ どようび　④ とようび

**3** 明日(あした)は 彼女(かのじょ)の 誕生日です。

① たんじょうび　② だんじょうび

③ たんじうび　④ たんじゅうび

청취

Track 06-06

잘 듣고 ①~④ 중에서 질문의 답으로 가장 알맞은 것을 골라 O표 하세요.

**1** 木村(きむら)さんの 誕生日は いつですか。

① 10月 13日　② 10月 31日　③ 11月 13日　④ 11月 30日

**2** 松本(まつもと)さんの 誕生日は いつですか。

① 8月 3日　② 8月 4日　③ 8月 6日　④ 8月 8日

**3** 上野(うえの)さんの 誕生日は いつですか。

① 9月 9日　② 9月 10日　③ 9月 8日　④ 9月 20日

## Kanji & Katakana

한자

| | | | | |
|---|---|---|---|---|
| なんようび<br>何曜日<br>무슨 요일 | なんようび<br>何曜日 | なんようび<br>何曜日 | | |
| なんがつ<br>何月<br>몇 월 | なんがつ<br>何月 | なんがつ<br>何月 | | |
| なんにち<br>何日<br>며칠 | なんにち<br>何日 | なんにち<br>何日 | | |
| たんじょうび<br>誕生日<br>생일 | たんじょうび<br>誕生日 | たんじょうび<br>誕生日 | | |
| こんしゅう<br>今週<br>이번 주 | こんしゅう<br>今週 | こんしゅう<br>今週 | | |
| きょう<br>今日<br>오늘 | きょう<br>今日 | きょう<br>今日 | | |

가타카나

| | | |
|---|---|---|
| テスト<br>테스트 | テスト | |
| コンサート<br>콘서트 | コンサート | |
| ミュージカル<br>뮤지컬 | ミュージカル | |

## 몇 년생이에요?

Track 06-07

**보기**

그림을 보면서 다음과 같이 이야기해 보세요.

A：中村(なかむら)さんは 何年生(なんねんう)まれの 何年(なにどし)ですか。

B：2000年生(ねんう)まれの たつどしです。

イ·ジュンス 学生(がくせい)
2001年(ねん) 4月(がつ) 20日生(はつかう)まれ
へびどし おうしざ ソウル生(う)まれ

中村美香(なかむらみか) 会社員(かいしゃいん)
2000年(ねん) 4月(がつ) 20日生(はつかう)まれ
たつどし おうしざ 東京生(とうきょうう)まれ

ワン·アリョ 留学生(りゅうがくせい)
2005年(ねん) 6月(がつ) 8日生(ようかう)まれ
とりどし ふたござ 北京生(ペキンう)まれ

キム·ジュウォン 会社員(かいしゃいん)
1998年(ねん) 12月(がつ) 10日生(とおかう)まれ
とらどし いてざ 釜山生(プサンう)まれ

● 星座(せいざ) 별자리

| 牡羊座(おひつじざ)<br>양자리 | 3/21~4/19<br>生まれ | 天秤座(てんびんざ)<br>천칭자리 | 9/23~10/23<br>生まれ |
|---|---|---|---|
| 牡牛座(おうしざ)<br>황소자리 | 4/20~5/20<br>生まれ | 蠍座(さそりざ)<br>전갈자리 | 10/24~11/22<br>生まれ |
| 双子座(ふたござ)<br>쌍둥이자리 | 5/21~6/21<br>生まれ | 射手座(いてざ)<br>궁수자리 | 11/23~12/21<br>生まれ |
| 蟹座(かにざ)<br>게자리 | 6/22~7/22<br>生まれ | 山羊座(やぎざ)<br>염소자리 | 12/22~1/19<br>生まれ |
| 獅子座(ししざ)<br>사자자리 | 7/23~8/22<br>生まれ | 水瓶座(みずがめざ)<br>물병자리 | 1/20~2/18<br>生まれ |
| 乙女座(おとめざ)<br>처녀자리 | 8/23~9/22<br>生まれ | 魚座(うおざ)<br>물고기자리 | 2/19~3/20<br>生まれ |

● 干支(えと) 띠

| 子年(ねずみどし)<br>쥐띠 | 辰年(たつどし)<br>용띠 | 申年(さるどし)<br>원숭이띠 |
|---|---|---|
| 丑年(うしどし)<br>소띠 | 巳年(へびどし)<br>뱀띠 | 酉年(とりどし)<br>닭띠 |
| 寅年(とらどし)<br>호랑이띠 | 午年(うまどし)<br>말띠 | 戌年(いぬどし)<br>개띠 |
| 卯年(うさぎどし)<br>토끼띠 | 未年(ひつじどし)<br>양띠 | 亥 年(いのししどし)<br>돼지띠 |

# 本当(ほんとう)に かっこいいですね。

정말 멋있네요.

**학습목표** い형용사의 기본 활용형 익히기

Track 07-01

| | |
|---|---|
| アリョ | イ先輩(せんぱい)、本当(ほんとう)に かっこいいですね。<br>優(やさ)しくて 頭(あたま)も よくて…。 |
| 美香(みか) | おもしろくて 背(せ)も 高(たか)くて。 |
| アリョ | まさに 私(わたし)の タイプです。<br>そんな イ先輩(せんぱい)の 理想(りそう)の タイプは？ |
| 美香(みか) | もしかしたら 私(わたし)が タイプ？ |
| アリョ | え？ 美香(みか)さんと イ先輩(せんぱい)は 友(とも)だちじゃ ないですか。 |
| 美香(みか) | 冗談(じょうだん)、冗談(じょうだん)。ワンさん、ファイト！ |

### 낱말과 표현

- **本当(ほんとう)に** 정말로
- **かっこいい** 멋있다
- **～ですね** ~네요, ~군요
- **優(やさ)しい** 상냥하다, 자상하다
- **頭(あたま)** 머리
- **～も** ~도
- **よくて** 좋고 → いい, 良(よ)い(좋다)의 나열형
- **おもしろい** 재미있다
- **背(せ)が高(たか)い** 키가 크다
- **まさに** 진정, 정말
- **そんな～** 그런~
- **理想(りそう)** 이상
- **タイプ** 이상형, 취향
- **もしかしたら** 어쩌면
- **友(とも)だち** 친구
- **冗談(じょうだん)** 농담
- **ファイト** 파이팅

## 01 い형용사 어간 い (い형용사의 기본형) ~다

大(おお)きい 크다

小(ちい)さい 작다

高(たか)い 비싸다, 높다

安(やす)い 싸다

かっこいい 멋있다

かわいい 귀엽다

## 02 い형용사 기본형 です (い형용사의 정중형) ~ㅂ니다

ワンさんは かわいいです。

今日(きょう)は 寒(さむ)いです。

中村(なかむら)さんの かばんは 高(たか)いです。

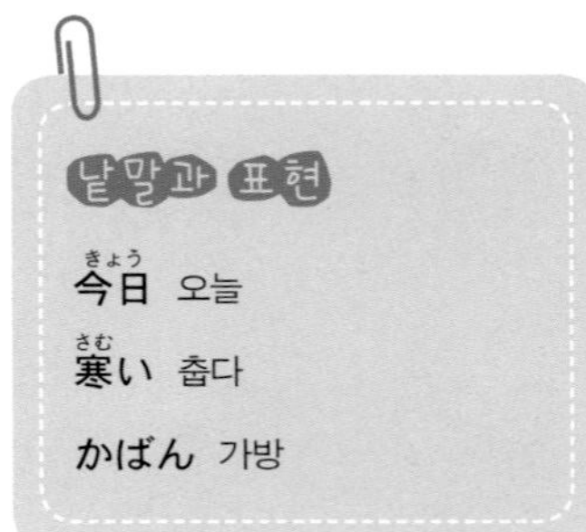

## Grammar

Track 07-02

## い형용사 어간 く ない (い형용사의 부정형) ~지 않다

この 教室(きょうしつ)は 広(ひろ)く ない。

あの 映画(えいが)は 面白(おもしろ)く ない。

あの 店(みせ)は 高(たか)く ない。

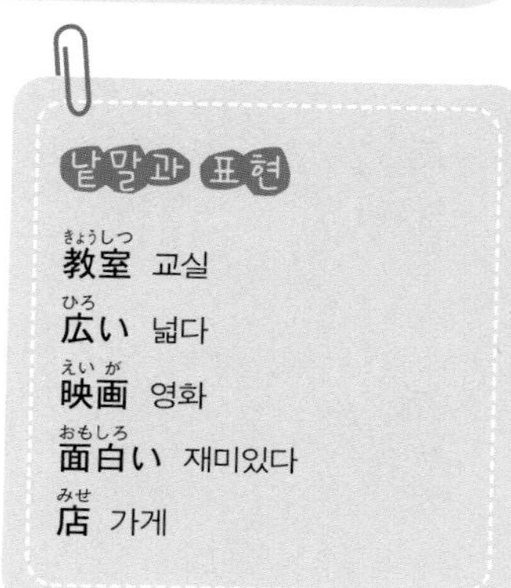

낱말과 표현

教室(きょうしつ) 교실

広(ひろ)い 넓다

映画(えいが) 영화

面白(おもしろ)い 재미있다

店(みせ) 가게

## い형용사 어간 く ないです, く ありません (い형용사 부정형의 정중형) ~지 않습니다

この 教室(きょうしつ)は 広(ひろ)く ないです(= 広(ひろ)く ありません)。

あの 映画(えいが)は 面白(おもしろ)く ないです(= 面白(おもしろ)く ありません)。

あの 店(みせ)は 高(たか)く ないです(= 高(たか)く ありません)。

## 05 い형용사 기본형 + 명사 (い형용사의 명사 수식형) ~ㄴ

面白(おもしろ)い ドラマ

新(あたら)しい スマートフォン

かっこいい 先輩(せんぱい)

**낱말과 표현**

ドラマ 드라마

新(あたら)しい 새롭다

スマートフォン 스마트폰

かっこいい 멋있다

先輩(せんぱい) 선배

## 06 い형용사 어간 くて (い형용사의 연결형) ~고, ~서

① 나열

先輩(せんぱい)は 優(やさ)しくて 頭(あたま)も いいです。

あの 店(みせ)は 安(やす)くて おいしいです。

② 이유 설명

駅(えき)が 近(ちか)くて、いいです。

物価(ぶっか)が 高(たか)くて、苦(くる)しいです。

**낱말과 표현**

優(やさ)しい 상냥하다, 자상하다

頭(あたま) 머리

~も ~도

いい 좋다

安(やす)い 싸다

おいしい 맛있다

駅(えき) 역

近(ちか)い 가깝다

物価(ぶっか) 물가

苦(くる)しい 궁색하다

Track 07-02

## 07 い형용사 いい(よい)의 활용

### ① い형용사 いい(よい)의 부정형

天気が いく ない。 (×)

天気が よく ない 。(○)

### ② い형용사 いい(よい) 부정형의 정중형

天気が いく ないです。 (×)

天気が よく ないです。 (○)

(＝ 天気が よく ありません。) (○)

### ③ い형용사 いい(よい)의 명사 수식형

いい 天気 (○)

よい 天気 (○)

### ④ い형용사 いい(よい)의 연결형

天気が いくて (×)

天気が よくて (○)

Grammar

Track 07-02

## 08 명사 も ~도

来週(らいしゅう)も テストですか。

ドラマも 映画(えいが)も 面白(おもしろ)く ないです。

この 店(みせ)は ケーキも 安(やす)くて おいしいです。

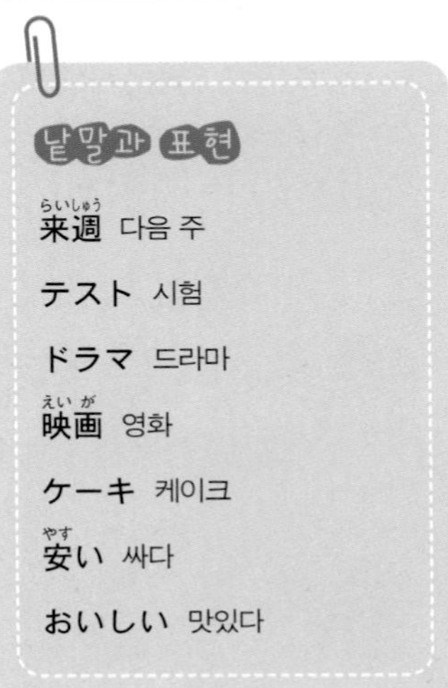

**낱말과 표현**

**来週(らいしゅう)** 다음 주

**テスト** 시험

**ドラマ** 드라마

**映画(えいが)** 영화

**ケーキ** 케이크

**安(やす)い** 싸다

**おいしい** 맛있다

Pattern practice

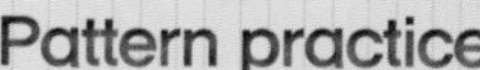


## A 보기와 같이 연습해 봅시다.

A：パソコンは 新(あたら)しいですか。

B：いいえ、新(あたら)しく ないです。

(＝新しく ありません。)

パソコン・新(あたら)しい

1 教室(きょうしつ)・広(ひろ)い

2 今日(きょう)・寒(さむ)い

3 日本語(にほんご)・難(むずか)しい

4 漢字(かんじ)・易(やさ)しい

5 スカート・長(なが)い

6 駅(えき)・近(ちか)い

### 낱말과 표현

| | | |
|---|---|---|
| パソコン 컴퓨터 | 寒(さむ)い 춥다 | 長(なが)い 길다 |
| 新(あたら)しい 새롭다 | 難(むずか)しい 어렵다 | 駅(えき) 역 |
| 教室(きょうしつ) 교실 | 漢字(かんじ) 한자 | 近(ちか)い 가깝다 |
| 広(ひろ)い 넓다 | 易(やさ)しい 쉽다 | |
| 今日(きょう) 오늘 | スカート 치마 | |

Track 07-04

A：この ケーキは とても おいしいですね。

B：そうですね。おいしい ケーキですね。

ケーキ・おいしい

1 この 冬(ふゆ)・寒(さむ)い

2 この キムチ・辛(から)い

3 あの 会社(かいしゃ)・大(おお)きい

4 この 車(くるま)・新(あたら)しい

**낱말과 표현**

| | | |
|---|---|---|
| この 이 | そうですね 그렇군요, 그렇네요 | 会社(かいしゃ) 회사 |
| ケーキ 케이크 | 冬(ふゆ) 겨울 | 大(おお)きい 크다 |
| とても 아주 | キムチ 김치 | 車(くるま) 자동차 |
| おいしい 맛있다 | 辛(から)い 맵다 | |
| ～ですね ~군요, ~네요 | あの 저 | |

## Pattern practice

Track 07-05

보기

A : どんな 店(みせ)ですか。

B : 安(やす)くて おいしい 店(みせ)です。

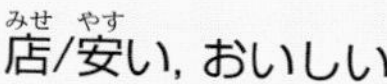

1 かばん/大(おお)きい, 高(たか)い

2 キムチ/辛(から)い, おいしい

3 スマートフォン/新(あたら)しい, 安(やす)い

4 部屋(へや)/明(あか)るい, 広(ひろ)い

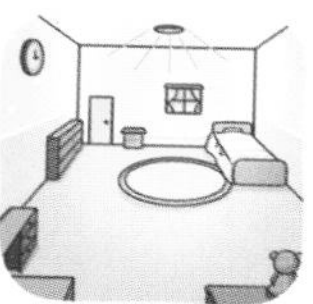

どんな~ 어떤~
店(みせ) 가게

安(やす)い 싸다
部屋(へや) 방

明(あか)るい 밝다
広(ひろ)い 넓다

Check

**어휘·문법**

①~④중에서 가장 알맞은 것을 골라 O표 하세요.

**1** この 財布(さいふ)は ＿＿★＿＿。安(やす)いです。

① 高(たか)くじゃ ないです　② 高(たか)いじゃ ないです

③ 高(たか)く ないです　④ 高(たか)ありません

**2** 新(あたら)し＿＿★＿＿ おいしい 店(みせ)です。

① かて　② して　③ こて　④ くて

**3** 先輩(せんぱい)は 頭(あたま)も ＿＿★＿＿ とても 優(やさ)しいです。

① いくて　② いくない　③ よくて　④ よくない

Track 07-06

**청취**

잘 듣고 ①~④중에서 질문의 답으로 가장 알맞은 것을 골라 O표 하세요.

**1** この 店(みせ)の ＿＿＿＿は おいしく ありません。

① ケーキ　② クッキー　③ キムチ　④ コーヒー

**2** この かばんは ＿＿＿＿ ありません。

① 大(おお)きく　② 小(ちい)さく　③ かわいく　④ 安(やす)く

**3** 山田先生(やまだせんせい)の 授業(じゅぎょう)は ＿＿＿＿です。

① 面白(おもしろ)い　② 優(やさ)しい　③ 明(あか)るい　④ かっこいい

## Kanji & Katakana

**한자**

| | | | | |
|---|---|---|---|---|
| たかい<br>高い<br>비싸다, 높다 | たかい<br>高い | たかい<br>高い | | |
| やすい<br>安い<br>싸다 | やすい<br>安い | やすい<br>安い | | |
| あたらしい<br>新しい<br>새롭다 | あたらしい<br>新しい | あたらしい<br>新しい | | |
| ふるい<br>古い<br>오래되다, 낡다 | ふるい<br>古い | ふるい<br>古い | | |
| つよい<br>強い<br>강하다 | つよい<br>強い | つよい<br>強い | | |
| よわい<br>弱い<br>약하다 | よわい<br>弱い | よわい<br>弱い | | |
| ながい<br>長い<br>길다 | ながい<br>長い | ながい<br>長い | | |

**가타카나**

| | | |
|---|---|---|
| ファイト<br>파이팅 | ファイト | |
| タイプ<br>타입 | タイプ | |

# い형용사

Track 07-07

보기

그림을 보면서 다음과 같이 이야기해 보세요.

A：大(おお)きいですか。

B：はい、大(おお)きいです。

いいえ、大(おお)きく ないです(＝大(おお)きく ありません)。

大(おお)きい 크다

小(ちい)さい 작다

高(たか)い 비싸다

安(やす)い 싸다

高(たか)い 높다

低(ひく)い 낮다

新(あたら)しい 새롭다

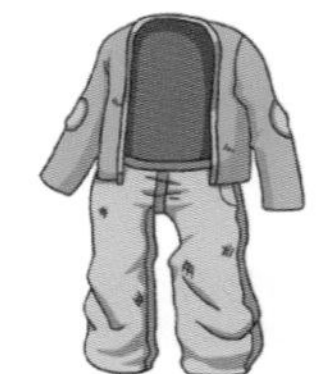

古(ふる)い 오래되다, 낡다

強(つよ)い 강하다

弱(よわ)い 약하다

長(なが)い 길다

短(みじか)い 짧다

暑(あつ)い 덥다

寒(さむ)い 춥다

暖(あたた)かい 따뜻하다

涼(すず)しい 선선하다

熱(あつ)い 뜨겁다

冷(つめ)たい 차갑다

広(ひろ)い 넓다

狭(せま)い 좁다

明(あか)るい 밝다

暗(くら)い 어둡다

楽(たの)しい 즐겁다

悲(かな)しい 슬프다

# どんな人(ひと)が好(す)きですか。

**어떤 사람을 좋아하세요?**

**학습목표** な형용사의 기본 활용형 익히기

Track 08-01

| | |
|---|---|
| アリョ | 先輩(せんぱい)、先輩(せんぱい)は どんな 音楽(おんがく)が 好(す)きですか。 |
| ジュンス | 静(しず)かな 音楽(おんがく)が 好(す)きだよ。<br>クラシックとか、バラードとか。 |
| アリョ | そうですか。じゃ、女性(じょせい)は どんな 人(ひと)が 好(す)きですか。 |
| ジュンス | 元気(げんき)で 真面目(まじめ)で…。 |
| アリョ | 顔(かお)とか スタイルは どうですか。 |
| ジュンス | う～ん、そうだな… 前向(まえむ)きで 明(あか)るい 人(ひと)が 好(す)き。 |
| アリョ | 先輩(せんぱい)は 理想(りそう)の タイプも 素敵(すてき)ですね！ |

**낱말과 표현**

- **どんな～** 어떤~
- **音楽(おんがく)** 음악
- **好(す)きだ** 좋아하다
- **静(しず)かだ** 조용하다
- **クラシック** 클래식
- **～とか** ~라든가
- **バラード** 발라드
- **そうですか** 그렇습니까
- **じゃ** 그럼
- **女性(じょせい)** 여성, 여자
- **元気(げんき)だ** 건강하다
- **真面目(まじめ)だ** 성실하다, 착실하다
- **～で** ~(이)고
- **顔(かお)** 얼굴
- **スタイル** 스타일
- **前向(まえむ)き** 긍정적인
- **明(あか)るい** 밝은
- **素敵(すてき)だ** 멋지다

## 01 な형용사 어간 だ (な형용사의 기본형) ~다

| | |
|---|---|
| 親切(しんせつ)だ 친절하다 | 便利(べんり)だ 편리하다 |
| 有名(ゆうめい)だ 유명하다 | きれいだ 예쁘다, 깨끗하다 |
| 賑(にぎ)やかだ 번화하다 | ハンサムだ 핸섬하다 |
| 元気(げんき)だ 건강하다 | |

## 02 な형용사 어간 です (な형용사의 정중형) ~ㅂ니다

スマートフォンは 便利(べんり)です。

中村(なかむら)さんは きれいです。

日本語(にほんご)の 先生(せんせい)は 親切(しんせつ)です。

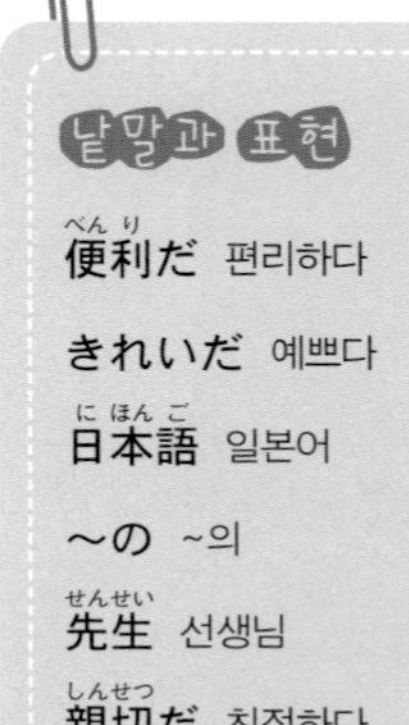

**낱말과 표현**

**便利(べんり)だ** 편리하다

**きれいだ** 예쁘다

**日本語(にほんご)** 일본어

**~の** ~의

**先生(せんせい)** 선생님

**親切(しんせつ)だ** 친절하다

## Grammar

Track 08-02

### 03 な형용사 어간 じゃ ない (な형용사의 부정형) ~지 않다

彼(かれ)は 真面目(まじめ)じゃ ない。

あの 店(みせ)の 店員(てんいん)は 親切(しんせつ)じゃ ない。

この 街(まち)は 静(しず)かじゃ ない。

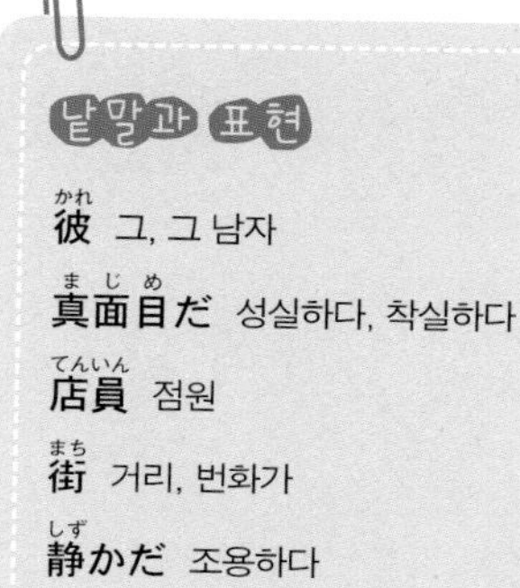


### 04 な형용사 어간 じゃ ないです, じゃ ありません (な형용사 부정형의 정중형) ~지 않습니다

彼(かれ)は 真面目(まじめ)じゃ ないです(= 真面目(まじめ)じゃ ありません)。

あの 店(みせ)の 店員(てんいん)は 親切(しんせつ)じゃ ないです(= 親切(しんせつ)じゃ ありません)。

この 街(まち)は 静(しず)かじゃ ないです(= 静(しず)かじゃ ありません)。

## 05 な형용사 어간 な + 명사 (な형용사의 명사 수식형) ~ㄴ

スリムな モデル

静(しず)かな 公園(こうえん)

有名(ゆうめい)な 歌手(かしゅ)

**낱말과 표현**

**スリムだ** 날씬하다, 슬림하다

**モデル** 모델

**公園(こうえん)** 공원

**有名(ゆうめい)だ** 유명하다

**歌手(かしゅ)** 가수

## 06 な형용사 어간 で (な형용사의 연결형) ~고, ~서

**① 나열**

ハンサムで 親切(しんせつ)な 先輩(せんぱい)

彼女(かのじょ)は スマートで クールな 人(ひと)です。

**② 이유 설명**

この 街(まち)は 賑(にぎ)やかで、いいです。

この 問題(もんだい)は 簡単(かんたん)で、いいです。

**낱말과 표현**

**ハンサムだ** 핸섬하다

**先輩(せんぱい)** 선배

**彼女(かのじょ)** 그녀

**スマートだ** 스마트하다, 재치가 있다

**クールだ** 쿨하다

**人(ひと)** 사람

**街(まち)** 거리

**賑(にぎ)やかだ** 번화하다

**問題(もんだい)** 문제

**簡単(かんたん)だ** 간단하다

Track 08-02

## 07 な형용사 同(おな)じだ의 활용

### ① な형용사 同(おな)じだ의 정중형

同(おな)じです。

### ② な형용사 同(おな)じだ의 명사 수식형

同(おな)じな 学校(がっこう) (×)

同(おな)じ 学校(がっこう) (○)

## 08 どんな 명사 が 好(す)きですか 어떤 ~을/를 좋아하세요?

どんな 人(ひと)が 好(す)きですか。

どんな 料理(りょうり)が 好(す)きですか。

どんな 音楽(おんがく)が 好(す)きですか。

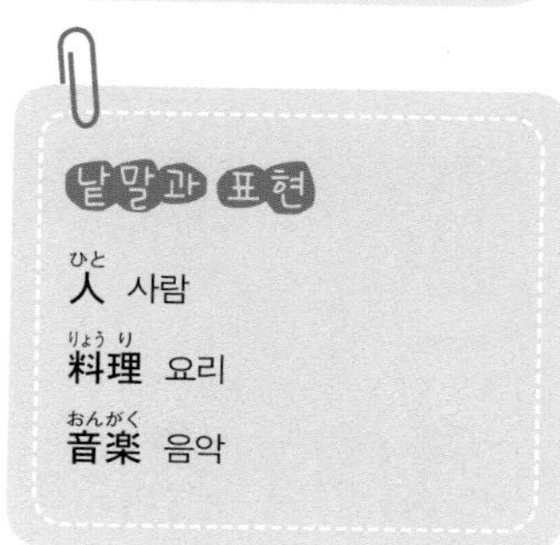

Grammar

Track 08-02

## 09 とか ~라든가

この レストランは パスタとか ピザとか イタリアン料理(りょうり)が 有名(ゆうめい)です。

美香(みか)さんは ネックレスとか イヤリングとか アクセサリーが 好(す)きです。

**レストラン** 레스토랑

**パスタ** 파스타

**ピザ** 피자

**イタリアン料理(りょうり)** 이탈리아풍 요리

**有名(ゆうめい)だ** 유명하다

**ネックレス** 목걸이

**イヤリング** 이어링, 귀걸이

**アクセサリー** 액세서리

## Pattern practice

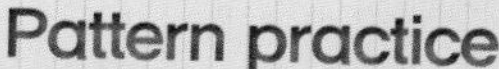


## A 보기와 같이 연습해 봅시다.

A：あの レストランは きれいですか。

B：いいえ、きれいじゃ ないです。

(= きれいじゃ ありません。)

あの レストラン・きれいだ

1 街(まち)・静(しず)かだ

2 ワンさん・暇(ひま)だ

3 問題(もんだい)・簡単(かんたん)だ

4 学生(がくせい)・真面目(まじめ)だ

5 子供(こども)・元気(げんき)だ

6 店員(てんいん)・親切(しんせつ)だ

### 낱말과 표현

- レストラン 레스토랑
- きれいだ 깨끗하다, 예쁘다
- 暇(ひま)だ 한가하다
- 問題(もんだい) 문제
- 簡単(かんたん)だ 간단하다
- 学生(がくせい) 학생
- 子供(こども) 어린이, 아이
- 元気(げんき)だ 건강하다, 활발하다
- 店員(てんいん) 점원

Track 08-04

## B

**보기**

A：この 問題(もんだい)は 簡単(かんたん)ですね。

B：そうですね。簡単(かんたん)な 問題(もんだい)ですね。

この 問題(もんだい)・簡単(かんたん)だ

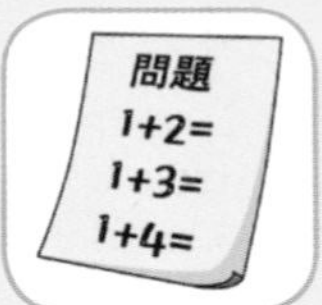


1 あの 先輩(せんぱい)・ハンサムだ

2 あの 人(ひと)・真面目(まじめ)だ

3 この 人(ひと)・クールだ

4 あの 歌手(かしゅ)・有名(ゆうめい)だ

**낱말과 표현**

クールだ 쿨하다
有名(ゆうめい)だ 유명하다
歌手(かしゅ) 가수

## Pattern practice

Track 08-05

학생/ハンサムだ・真面目だ

보기

A：どんな 学生ですか。

B：ハンサムで 真面目な 学生です。

1 レストラン/きれいだ・親切だ

2 子供/元気だ・丈夫だ

3 スマートフォン/簡単だ・便利だ

4 車/楽だ・静かだ

낱말과 표현

ハンサムだ 핸섬하다
きれいだ 깨끗하다
親切だ 친절하다
子供 어린이, 아이
元気だ 건강하다, 활발하다
丈夫だ 튼튼하다
スマートフォン 스마트폰
簡単だ 간단하다
便利だ 편리하다
車 자동차
楽だ 편하다
静かだ 조용하다

Check

어휘·문법

①~④ 중에서 가장 알맞은 것을 골라 O표 하세요.

**1** この 公園(こうえん)は ＿★＿。静(しず)かです。

① 賑(にぎ)やかく ないです　② 賑(にぎ)やかじゃ ないです

③ 賑(にぎ)やか ないです　④ 賑(にぎ)やか ありません

**2** 彼(かれ)は 日本(にほん)の ＿★＿ 歌手(かしゅ)です。

① 有名(ゆうめい)　② 有名(ゆうめい)の　③ 有名(ゆうめい)な　④ 有名(ゆうめい)で

**3** あの レストランは ＿★＿ とても 親切(しんせつ)です。

① きれいで　② きれいな　③ きれい　④ きれくて

청취

Track 08-06

잘 듣고 ①~④ 중에서 질문의 답으로 가장 알맞은 것을 골라 O표 하세요.

**1** 英語(えいご)の 先生(せんせい)は どんな 人(ひと)ですか。

① すてきだ　② 親切(しんせつ)だ

③ 真面目(まじめ)じゃ ない　④ 親切(しんせつ)じゃ ない

**2** この 歌手(かしゅ)は どんな 歌手(かしゅ)ですか。

① 有名(ゆうめい)で かっこいい　② スリムで スタイルが いい

③ 元気(げんき)で かっこいい　④ スリムで かわいい

**3** この レストランは どんな レストランですか。

① おいしくて 安(やす)い　② おいしくて 親切(しんせつ)だ

③ きれいで 安(やす)い　④ 有名(ゆうめい)で 親切(しんせつ)だ

Kanji & Katakana

한자

| | | | | |
|---|---|---|---|---|
| すきだ<br>好きだ<br>좋아하다 | すきだ<br>好きだ | すきだ<br>好きだ | | |
| まじめだ<br>真面目だ<br>성실하다 | まじめだ<br>真面目だ | まじめだ<br>真面目だ | | |
| しんせつだ<br>親切だ<br>친절하다 | しんせつだ<br>親切だ | しんせつだ<br>親切だ | | |
| ゆうめいだ<br>有名だ<br>유명하다 | ゆうめいだ<br>有名だ | ゆうめいだ<br>有名だ | | |
| げんきだ<br>元気だ<br>건강하다 | げんきだ<br>元気だ | げんきだ<br>元気だ | | |
| べんりだ<br>便利だ<br>편리하다 | べんりだ<br>便利だ | べんりだ<br>便利だ | | |

가타카나

| | | |
|---|---|---|
| ハンサム<br>핸섬 | ハンサム | |
| スタイル<br>스타일 | スタイル | |
| スマート<br>스마트 | スマート | |

# な형용사

Track 08-07

보기

그림을 보면서 다음과 같이 이야기해 보세요.

A：親切(しんせつ)ですか。

B：はい、親切(しんせつ)です。

いいえ、親切(しんせつ)じゃ ないです(＝ 親切(しんせつ)じゃ ありません)。

好(す)きだ 좋아하다

嫌(きら)いだ 싫어하다

賑やかだ 번화하다

静かだ 조용하다

便利だ 편리하다

不便だ 불편하다

元気だ 건강하다

丈夫だ 튼튼하다

きれいだ 예쁘다

ハンサムだ 핸섬하다

派手(はで)だ 화려하다

地味(じみ)だ 수수하다

ゴージャスだ 럭셔리하다

すてきだ 멋있다

安全(あんぜん)だ 안전하다

安心(あんしん)だ 안심이다

有名(ゆうめい)だ 유명하다

立派(りっぱ)だ 훌륭하다

真面目(まじめ)だ 성실하다

親切(しんせつ)だ 친절하다

大変(たいへん)だ 힘들다

暇(ひま)だ 한가하다

上手(じょうず)だ 잘하다

下手(へた)だ 못하다

# 世界(せかい)で一番(いちばん)すてきな人(ひと)です。

세상에서 제일 멋진 사람이에요.

**학습목표** 비교급 문형과 최상급 문형 익히기

## Dialogue

Track 09-01

**美香(みか)** イさんは 静(しず)かな 人(ひと)と 活発(かっぱつ)な 人(ひと)と、
どちらが 好(す)きですか？

**ジュンス** 僕(ぼく)は 明(あか)るくて 活発(かっぱつ)な 人(ひと)が 好(す)きです。中村(なかむら)さんは？

**美香(みか)** 私(わたし)も 明(あか)るい 人(ひと)が 好(す)きです。
でも、恋人(こいびと)は 静(しず)かな 人(ひと)が いいですね。

**ジュンス** ハハ、面白(おもしろ)いですね。
中村(なかむら)さんは 韓国(かんこく)ドラマの マニアですよね。
韓国(かんこく)の 俳優(はいゆう)の 中(なか)では、誰(だれ)が 一番(いちばん) 好(す)きですか。

**美香(みか)** え〜、 難(むずか)しい 質問(しつもん)ですね。
韓国(かんこく)には 素敵(すてき)な 俳優(はいゆう)が たくさん いますから。
でも、ワンさんにとって、
イさんは 世界(せかい)で 一番(いちばん) 素敵(すてき)な 人(ひと)ですよ。

### 낱말과 표현

- **静(しず)かな** 조용한
- **人(ひと)** 사람
- **活発(かっぱつ)な** 활발한
- **好(す)きだ** 좋아하다
- **僕(ぼく)** 나, 저
- **明(あか)るい** 밝은
- **恋人(こいびと)** 연인
- **面白(おもしろ)い** 재미있다
- **韓国(かんこく)** 한국
- **ドラマ** 드라마
- **マニア** 마니아
- **俳優(はいゆう)** 배우
- **誰(だれ)** 누구
- **一番(いちばん)** 가장
- **難(むずか)しい** 어려운
- **質問(しつもん)** 질문
- **素敵(すてき)だ** 멋지다
- **世界(せかい)** 세계

## 01 비교 구문

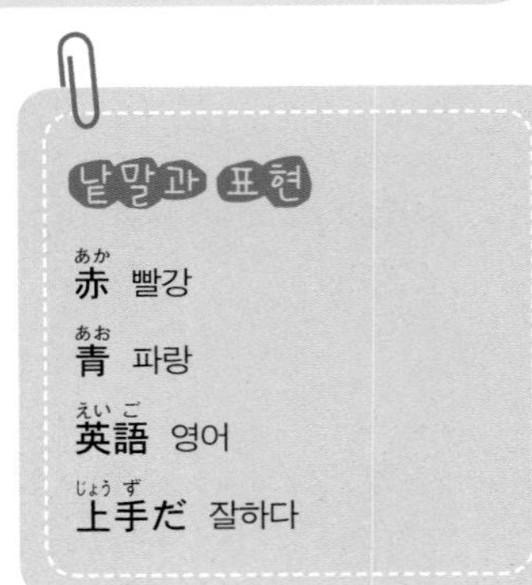
낱말과 표현

赤(あか) 빨강

青(あお) 파랑

英語(えいご) 영어

上手(じょうず)だ 잘하다

### ① Aと Bと どちらが～ A와 B (둘 중에서) 어느 쪽을 더~

赤(あか)と 青(あお)と どちらが 好(す)きですか。

日本語(にほんご)と 英語(えいご)と どちらが 上手(じょうず)ですか。

面白(おもしろ)い 人(ひと)と ハンサムな 人(ひと)と

どちらが いいですか。

### ② Aの 方(ほう)が (Bより)～ A 쪽을 더 (B보다)~

赤(あか)の 方(ほう)が (青(あお)より) 好(す)きです。

日本語(にほんご)の 方(ほう)が (英語(えいご)より) 上手(じょうず)です。

面白(おもしろ)い 人(ひと)の 方(ほう)が ( ハンサムな 人(ひと)より) いいです。

Track 09-02

## 02 최상급 구문

### ① 一番(いちばん)～ 제일～, 가장～

この モデルが 一番(いちばん) きれいです。

この ドラマが 一番(いちばん) 面白(おもしろ)いです。

これが 一番(いちばん) 高(たか)いです。

### ② ～の 中(なか)で～ ～중에서～

韓国(かんこく)の 歌手(かしゅ)の 中(なか)で 一番(いちばん) 有名(ゆうめい)です。

メンバーの 中(なか)で 彼女(かのじょ)が 一番(いちばん) かわいいです。

クラスの 学生(がくせい)の 中(なか)で 彼(かれ)が 一番(いちばん) 真面目(まじめ)です。

**낱말과 표현**

**モデル** 모델

**ドラマ** 드라마

**歌手(かしゅ)** 가수

**メンバー** 멤버

**彼女(かのじょ)** 그녀

**クラス** 클래스, 학급

**学生(がくせい)** 학생

**彼(かれ)** 그, 그 남자

Grammar

Track 09-02

## 03 의문사

**① 何(なに) 무엇**

果物(くだもの)の 中(なか)で 何(なに)が 一番(いちばん) 好(す)きですか。

**② いつ 언제**

四季(しき)の 中(なか)で いつが 一番(いちばん) 好(す)きですか。

**③ だれ 누구**

日本(にほん)の 俳優(はいゆう)の 中(なか)で だれが 一番(いちばん) 好(す)きですか。

**④ どこ 어디**

韓国(かんこく)の 島(しま)の 中(なか)で どこが 一番(いちばん) きれいですか。

**⑤ どれ 어느 것**

コーヒーと コーラと ジュースの 中(なか)で どれが 一番(いちばん) 好(す)きですか。

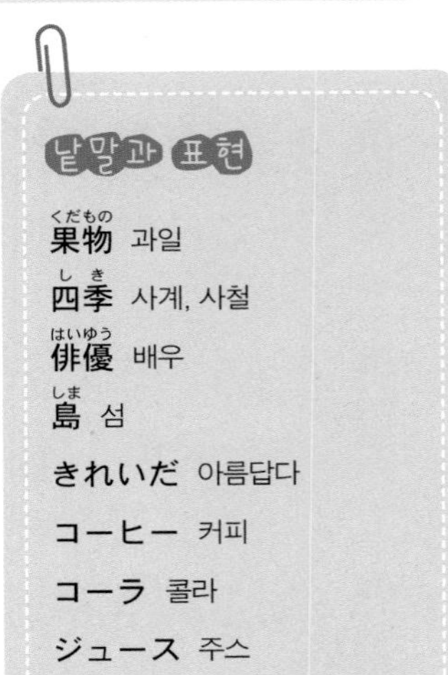

낱말과 표현

**果物(くだもの)** 과일
**四季(しき)** 사계, 사철
**俳優(はいゆう)** 배우
**島(しま)** 섬
**きれいだ** 아름답다
**コーヒー** 커피
**コーラ** 콜라
**ジュース** 주스

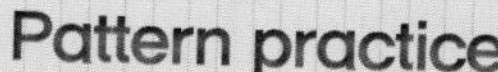

## 보기와 같이 연습해 봅시다.

Track 09-03

보기

A : パスタと ピザと どちらが 好(す)きですか。

B : パスタ(orピザ)の 方(ほう)が 好(す)きです。

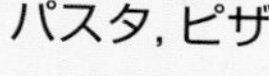

1 東京(とうきょう), 京都(きょうと)

2 ヨガ, ジョギング

3 犬(いぬ), 猫(ねこ)

4 山(やま), 海(うみ)

5 白(しろ), 黒(くろ)

6 アメリカーノ, キャラメル マキアート

### 낱말과 표현

**パスタ** 파스타
**ピザ** 피자
**ヨガ** 요가
**ジョギング** 조깅
**犬(いぬ)** 개, 강아지
**猫(ねこ)** 고양이
**山(やま)** 산
**海(うみ)** 바다
**白(しろ)** 하양
**黒(くろ)** 검정
**アメリカーノ** 아메리카노
**キャラメル マキアート** 캐러멜 마키아토

Track 09-04

보기

A：みかんと りんごと いちごの 中(なか)で どれが 一番(いちばん) 好(す)きですか。

B：みかん(or りんご, いちご)が 一番(いちばん) 好(す)きです。

みかん, りんご, いちご

1 バナナ, パイナップル, オレンジ

2 焼酎(しょうちゅう), ワイン, ビール

3 サッカー, 野球(やきゅう), 水泳(すいえい)

4 ネックレス, イヤリング, 指輪(ゆびわ)

| | | |
|---|---|---|
| みかん 감귤 | オレンジ 오렌지 | 野球(やきゅう) 야구 |
| りんご 사과 | 焼酎(しょうちゅう) 소주 | 水泳(すいえい) 수영 |
| いちご 딸기 | ワイン 와인 | ネックレス 목걸이 |
| バナナ 바나나 | ビール 맥주 | イヤリング 이어링, 귀걸이 |
| パイナップル 파인애플 | サッカー 축구 | 指輪(ゆびわ) 반지 |

## C

Track 09-05

보기

A：四季の 中で いつが 一番 好きですか。

B：秋が 一番 好きです。

四季, いつ

1 動物, 何

2 飲み物, 何

3 料理, 何

4 スポーツ, 何

### 낱말과 표현

四季 사계, 사철
秋 가을
動物 동물
象 코끼리
鹿 사슴
パンダ 판다
飲み物 음료
コーヒー 커피
コーラ 콜라
ジュース 주스
料理 요리
エビフライ 새우튀김
すし 초밥
ラーメン 라면
スポーツ 스포츠
バスケットボール 농구

Check

어휘·문법

①~④중에서 가장 알맞은 것을 골라 O표 하세요.

**1** サッカーと 野球と ＿★＿が 好きですか。

① どれ　② だれ　③ どこ　④ どちら

**2** いちごと バナナと りんごの 中で ＿★＿が 一番 好きですか。

① どちら　② どこ　③ どれ　④ なに

**3** 俳優の 中で ＿★＿が 一番 好きですか。

① どれ　② だれ　③ いつ　④ なに

Track 09-06

청취

잘 듣고 ①~④중에서 질문의 답으로 가장 알맞은 것을 골라 O표 하세요.

**1** ワンさんは どんな 動物が 好きですか。

① 大きい 猫　② 小さい 猫　③ 大きい 犬　④ 小さい 犬

**2** 鈴木さんは どんな スポーツが 好きですか。

① スキー　② サッカー　③ 野球　④ 水泳

**3** 山田さんが 一番 好きな ジュースは 何ですか。

① りんごジュース　② オレンジジュース

③ パイナップルジュース　④ バナナジュース

## Kanji & Katakana

### 한자

| くだもの<br>果物<br>과일 | くだもの<br>果物 | くだもの<br>果物 | | |
|---|---|---|---|---|
| いちばん<br>一番<br>제일, 가장 | いちばん<br>一番 | いちばん<br>一番 | | |
| せ かい<br>世界<br>세계, 세상 | せ かい<br>世界 | せ かい<br>世界 | | |
| し き<br>四季<br>사계, 사철 | し き<br>四季 | し き<br>四季 | | |
| はいゆう<br>俳優<br>배우 | はいゆう<br>俳優 | はいゆう<br>俳優 | | |
| か しゅ<br>歌手<br>가수 | か しゅ<br>歌手 | か しゅ<br>歌手 | | |

### 가타카나

| ピザ<br>피자 | ピザ | |
|---|---|---|
| コーラ<br>콜라 | コーラ | |
| ジュース<br>주스 | ジュース | |

# 가장 좋아하는 것은?

Track 09-07

**보기**

그림을 보면서 다음과 같이 이야기해 보세요.

A：飲(の)み物(もの)の 中(なか)で 何(なに)が 一番(いちばん) 好(す)きですか。

B：コーヒーが 一番(いちばん) 好(す)きです。

## ● 飲(の)み物(もの) 음료

コーヒー
커피

コーラ
콜라

ジュース
주스

牛乳(ぎゅうにゅう)
우유

緑茶(りょくちゃ)
녹차

紅茶(こうちゃ)
홍차

ウーロン茶(ちゃ)
우롱차

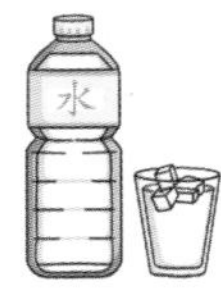


ミネラルウォーター
미네랄워터

## ● お酒(さけ) 술

日本酒(にほんしゅ)
정종

カクテル
칵테일

ウイスキー
위스키

マッコリ
막걸리

- 果物(くだもの) 과일

| | | | |
|---|---|---|---|
|  |  |  |  |
| みかん<br>감귤 | りんご<br>사과 | なし<br>배 | いちご<br>딸기 |
|  |  |  |  |
| バナナ<br>바나나 | オレンジ<br>오렌지 | キウイ<br>키위 | メロン<br>멜론 |

- 色(いろ) 색

| | | | |
|---|---|---|---|
|  |  |  |  |
| 白(しろ)<br>하양 | 黒(くろ)<br>검정 | 赤(あか)<br>빨강 | 青(あお)<br>파랑 |
| 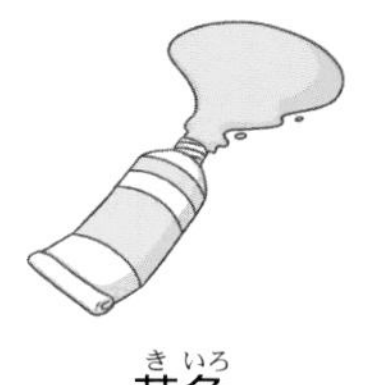 |  |  |  |
| 黄色(きいろ)<br>노랑 | 緑(みどり)<br>초록 | 紫(むらさき)<br>보라 | ピンク<br>분홍 |

unit **10**

# この ブラウスは いくらですか。

**이 블라우스는 얼마예요?**

**학습목표** 가격 묻고 답하기, 기본 조수사 익히기

Track 10-01

| | |
|---|---|
| 美香(みか) | うわ〜、ここが 有名(ゆうめい)な トンデムン市場(いちば)ですね。<br>安(やす)くて かわいい ものが いっぱい。 |
| 店員(てんいん) | いらっしゃいませ。 |
| 美香(みか) | この ブラウスは いくらですか。 |
| 店員(てんいん) | 3万(さんまん)ウォンです。この スカートも いかがですか。<br>ブラウスが 3万(さんまん)ウォンで、スカートは 2万(にまん) 8千(はっせん)ウォンです。<br>セットでは 5万(ごまん) 5千(ごせん)ウォンです。 |
| 美香(みか) | じゃ、セットで お願(ねが)いします。<br>それから この スカーフも 1枚(いちまい) ください。全部(ぜんぶ)で いくらですか。 |
| 店員(てんいん) | 全部(ぜんぶ)で 7万(ななまん)ウォンです。ありがとうございます。 |

**낱말과 표현**

**うわ〜** 우와~(놀라거나 감동했을 때 내는 소리)
**ここ** 여기
**有名(ゆうめい)な** 유명한
**市場(いちば)** 시장
**〜ですね** ~군요, ~네요
**安(やす)い** 싸다
**かわいい** 귀엽다
**もの** 물건
**いっぱい** 가득
**店員(てんいん)** 점원
**いらっしゃいませ** 어서 오십시오
**ブラウス** 블라우스
**いくら** 얼마
**3万(まん)** 3만
**〜ウォン** (한국)원
**スカート** 스커트, 치마
**〜も** ~도
**いかがですか** 어떠십니까?
**〜で** ~(으)로, ~(이)고
**2万(まん)8千(せん)** 2만 8천
**セット** 세트
**それから** 그리고
**スカーフ** 스카프
**1枚(まい)** 한 장
**ください** 주세요
**全部(ぜんぶ)** 전부
**ありがとうございます** 감사합니다

## 01 いくらですか 얼마예요?

これは いくらですか。

この スカーフは いくらですか。

あの ワンピースは いくらですか。

スカーフ 스카프

ワンピース 원피스

[세계의 통화]

| | |
|---|---|
| ウォン (한국)원 | 元(げん) (중국)위안 |
| 円(えん) (일본)엔 | ユーロ (유럽 연합)유로 |
| ドル (미국)달러 | ポンド (영국)파운드 |

Track 10-02

## 02 숫자 100～900,000

| 百(ひゃく) 백 | 千(せん) 천 | 万(まん) 만 | 10万(じゅうまん) 십만 |
|---|---|---|---|
| 100<br>ひゃく | 1, 000<br>せん | 1万<br>いちまん | 10万<br>じゅうまん |
| 200<br>にひゃく | 2, 000<br>にせん | 2万<br>にまん | 20万<br>にじゅうまん |
| 300<br>さんびゃく | 3, 000<br>さんぜん | 3万<br>さんまん | 30万<br>さんじゅうまん |
| 400<br>よんひゃく | 4, 000<br>よんせん | 4万<br>よんまん | 40万<br>よんじゅうまん |
| 500<br>ごひゃく | 5, 000<br>ごせん | 5万<br>ごまん | 50万<br>ごじゅうまん |
| 600<br>ろっぴゃく | 6, 000<br>ろくせん | 6万<br>ろくまん | 60万<br>ろくじゅうまん |
| 700<br>ななひゃく | 7, 000<br>ななせん | 7万<br>ななまん | 70万<br>ななじゅうまん |
| 800<br>はっぴゃく | 8, 000<br>はっせん | 8万<br>はちまん | 80万<br>はちじゅうまん |
| 900<br>きゅうひゃく | 9, 000<br>きゅうせん | 9万<br>きゅうまん | 90万<br>きゅうじゅうまん |

## 03 조수사2

### ① 何人(なんにん) 몇 명

| 一人<br>ひとり | 二人<br>ふたり | 三人<br>さんにん | 四人<br>よにん | 五人<br>ごにん | 六人<br>ろくにん |
|---|---|---|---|---|---|
| 七人<br>ななにん | 八人<br>はちにん | 九人<br>きゅうにん | 十人<br>じゅうにん | 十一人<br>じゅういちにん | 何人<br>なんにん |

### ② 何枚(なんまい) 몇 장

| 一枚<br>いちまい | 二枚<br>にまい | 三枚<br>さんまい | 四枚<br>よんまい | 五枚<br>ごまい | 六枚<br>ろくまい |
|---|---|---|---|---|---|
| 七枚<br>ななまい | 八枚<br>はちまい | 九枚<br>きゅうまい | 十枚<br>じゅうまい | 十一枚<br>じゅういちまい | 何枚<br>なんまい |

### ③ 何個(なんこ) 몇 개

| 一個<br>いっこ | 二個<br>にこ | 三個<br>さんこ | 四個<br>よんこ | 五個<br>ごこ | 六個<br>ろっこ |
|---|---|---|---|---|---|
| 七個<br>ななこ | 八個<br>はちこ | 九個<br>きゅうこ | 十個<br>じゅっこ | 十一個<br>じゅういっこ | 何個<br>なんこ |

Track 10-02

## ④ 何本(なんぼん) 몇 병, 몇 자루

| 一本<br>いっぽん | 二本<br>にほん | 三本<br>さんぼん | 四本<br>よんほん | 五本<br>ごほん | 六本<br>ろっぽん |
|---|---|---|---|---|---|
| 七本<br>ななほん | 八本<br>はっぽん | 九本<br>きゅうほん | 十本<br>じゅっぽん | 十一本<br>じゅういっぽん | 何本<br>なんぼん |

## ⑤ 何冊(なんさつ) 몇 권

| 一冊<br>いっさつ | 二冊<br>にさつ | 三冊<br>さんさつ | 四冊<br>よんさつ | 五冊<br>ごさつ | 六冊<br>ろくさつ |
|---|---|---|---|---|---|
| 七冊<br>ななさつ | 八冊<br>はっさつ | 九冊<br>きゅうさつ | 十冊<br>じゅっさつ | 十一冊<br>じゅういっさつ | 何冊<br>なんさつ |

## ⑥ 何台(なんだい) 몇 대

| 一台<br>いちだい | 二台<br>にだい | 三台<br>さんだい | 四台<br>よんだい | 五台<br>ごだい | 六台<br>ろくだい |
|---|---|---|---|---|---|
| 七台<br>ななだい | 八台<br>はちだい | 九台<br>きゅうだい | 十台<br>じゅうだい | 十一台<br>じゅういちだい | 何台<br>なんだい |

## ⑦ 何匹(なんびき) 몇 마리

| 一匹<br>いっぴき | 二匹<br>にひき | 三匹<br>さんびき | 四匹<br>よんひき | 五匹<br>ごひき | 六匹<br>ろっぴき |
|---|---|---|---|---|---|
| 七匹<br>ななひき | 八匹<br>はっぴき | 九匹<br>きゅうひき | 十匹<br>じゅっぴき | 十一匹<br>じゅういっぴき | 何匹<br>なんびき |

Grammar

Track 10-02

## 04 ～で ~(이)고, ~(으)로

① ~(이)고

ブラウスは 3万(さんまん)ウォンで、スカートは 2万(にまん) 8千(はっせん)ウォンです。

アメリカーノは 2,500ウォンで、カプチーノは 3,500ウォンです。

チョコレートケーキは 3,800ウォンで、チーズケーキは 4,300ウォンです。

② ~(으)로

セットで いくらですか。

全部(ぜんぶ)で いくらですか。

全部(ぜんぶ)で 1万(いちまん)ウォンです。

**낱말과 표현**

- ブラウス 블라우스
- スカート 스커트, 치마
- ～ウォン ~원
- アメリカーノ 아메리카노
- カプチーノ 카푸치노
- チョコレートケーキ 초콜릿 케이크
- チーズケーキ 치즈 케이크
- セット 세트
- 全部(ぜんぶ) 전부

## 05 ～ください ~주세요

これ ください。

全部(ぜんぶ) ください。

ブラウスと スカーフを ください。

- ～と ~와/과
- スカーフ 스카프
- ～を ~을/를

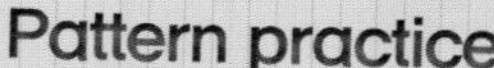


Track 10-03

## 보기와 같이 연습해 봅시다.

**보기**

A：ブラウスは いくらですか。

B：ブラウスは 3万(さんまん) 5千(ごせん)ウォンです。

ブラウス・35,000ウォン

1 ネックレス・72,000ウォン

2 ワンピース・89,000ウォン

3 サングラス・127,000ウォン

4 ジャケット・145,000ウォン

5 ブーツ・98,000ウォン

6 腕時計(うでどけい)・243,000ウォン

**낱말과 표현**

| | | |
|---|---|---|
| **ブラウス** 블라우스 | **サングラス** 선글라스 | **腕時計(うでどけい)** 손목시계 |
| **ネックレス** 목걸이 | **ジャケット** 재킷 | |
| **ワンピース** 원피스 | **ブーツ** 부츠 | |

Track 10-04

## B

**보기**

A：コーヒーは いくらですか。

B：アメリカーノは 2,500ウォンで、

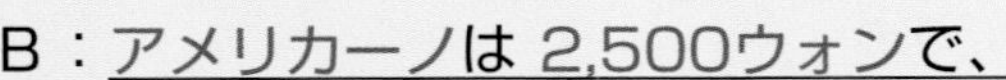

カプチーノは 3,500ウォンです。

コーヒー：アメリカーノ 2,500ウォン,
カプチーノ 3,500ウォン

1 ジュース：オレンジジュース 2,000ウォン,
いちごジュース 3,000ウォン

2 ケーキ：チーズケーキ 4,300ウォン,
チョコレートケーキ 3,800ウォン

3 アクセサリー：ネックレス 98,000ウォン,
イヤリング 78,000ウォン

4 ハンバーガー：チーズバーガー 2,500ウォン,
てりやきバーガー 4,000ウォン

**낱말과 표현**

**コーヒー** 커피
**アメリカーノ** 아메리카노
**カプチーノ** 카푸치노
**ジュース** 주스
**オレンジ** 오렌지
**いちご** 딸기
**ケーキ** 케이크
**チーズ** 치즈
**チョコレート** 초콜릿
**アクセサリー** 액세서리
**ネックレス** 목걸이
**イヤリング** 이어링, 귀걸이
**ハンバーガー** 햄버거
**てりやきバーガー** 불고기버거

## Pattern practice

Track 10-05

### C

보기

A：コーヒーと ケーキ ください。
全部(ぜんぶ)で いくらですか。

B：コーヒーは 3,500ウォンで、ケーキは
4,500ウォンです。全部(ぜんぶ)で 8,000ウォンです。

コーヒー 3,500ウォン,
ケーキ 4,500ウォン

1 ハンバーガー 3,000ウォン,
コーラ 1,500ウォン

2 ワンピース 60,000ウォン,
スカーフ 29,000ウォン

3 ネックレス 98,000ウォン,
イヤリング 78,000ウォン

4 パスタ 9,800ウォン,
ジュース 3,500ウォン

낱말과 표현

**ワンピース** 원피스
**スカーフ** 스카프
**ネックレス** 목걸이
**イヤリング** 이어링, 귀걸이
**パスタ** 파스타

Check

**어휘·문법**

①~④중에서 가장 알맞은 것을 골라 O표 하세요.

**1** これは 5千円(ごせんえん)＿★＿、あれは 8千円(はっせんえん)です。

① が　② の　③ で　④ も

**2** ブラウスは 1(いち)＿★＿、3万(さんまん)ウォンです。

① 本(ほん)　② 枚(まい)　③ 台(だい)　④ 匹(ひき)

**3** 全部(ぜんぶ)＿★＿ いくらですか。

① は　② から　③ の　④ で

Track 10-06

**청취**

잘 듣고 ①~④중에서 질문의 답으로 가장 알맞은 것을 골라 O표 하세요.

**1** ブラウスは いくらですか。

① 30,000ウォン　② 40,000ウォン

③ 35,000ウォン　④ 45,000ウォン

**2** ネックレスと イヤリング、全部(ぜんぶ)で いくらですか。

① 13,000円(えん)　② 15,000円(えん)　③ 23,000円(えん)　④ 28,000円(えん)

**3** チーズケーキは 二(ふた)つで いくらですか。

① 300円(えん)　② 400円(えん)　③ 600円(えん)　④ 1,000円(えん)

한자

| | | | | |
|---|---|---|---|---|
| いち ば<br>市場<br>시장 | いち ば<br>市場 | いち ば<br>市場 | | |
| ぜん ぶ<br>全部<br>전부 | ぜん ぶ<br>全部 | ぜん ぶ<br>全部 | | |
| てんいん<br>店員<br>점원 | てんいん<br>店員 | てんいん<br>店員 | | |
| なんまい<br>何枚<br>몇 장 | なんまい<br>何枚 | なんまい<br>何枚 | | |
| なんだい<br>何台<br>몇 대 | なんだい<br>何台 | なんだい<br>何台 | | |

가타카나

| | | |
|---|---|---|
| スカーフ<br>스카프 | スカーフ | |
| ブラウス<br>블라우스 | ブラウス | |
| スカート<br>스커트, 치마 | スカート | |
| ワンピース<br>원피스 | ワンピース | |

## 얼마예요?

Track 10-07

보기

그림을 보면서 다음과 같이 이야기해 보세요.

A : ブーツは いくらですか。

B : 120, 000ウォンです。

● ファッションリーダー、美香(みか)の ホットアイテム 패션리더, 미카의 핫아이템

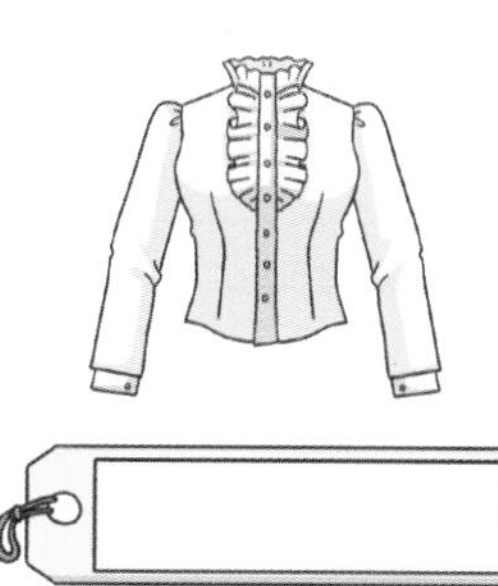

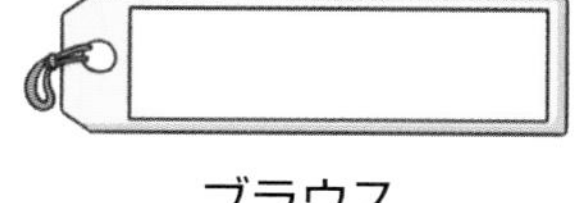

コート
코트

ブラウス
블라우스

ティーシャツ
티셔츠

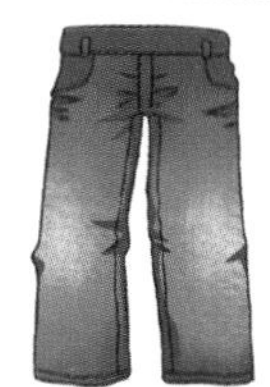
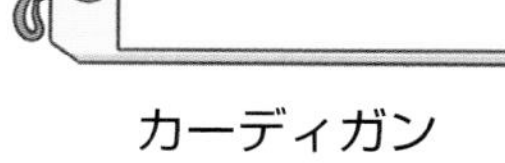

カーディガン
가디건

スカート
스커트, 치마

ジーンズ
진

スーツ
수트

セーター
스웨터

トレーナー
맨투맨티셔츠

unit 11

# 親(した)しい 友(とも)だちがいますか。

친한 친구가 있습니까?

**학습목표** 존재 유무 표현과 위치, 장소 표현 익히기

## Dialogue

Track 11-01

美香(みか)　アリョさん、 ケータイの この 人(ひと)は だれですか。

アリョ　あ、この 写真(しゃしん)ですか。

中国(ちゅうごく)の 幼(おさな)なじみで、私(わたし)の ベストフレンドです。

美香(みか)　すてきな 友(とも)だちですね。

韓国(かんこく)にも 親(した)しい 友(とも)だちが いますか。

アリョ　いいえ、まだ 親(した)しい 友(とも)だちは いません。

さびしくて、ときどき イ先輩(せんぱい)の ケータイが うらやましいです。

美香(みか)　ケータイが うらやましい?

アリョ　いつも イ先輩(せんぱい)の そばに あるじゃないですか。

美香(みか)　フフフ。アリョさん、 本当(ほんとう)に かわいいですね。

### 낱말과 표현

**ケータイ** 휴대전화
**この** 이
**人(ひと)** 사람
**だれ** 누구
**写真(しゃしん)** 사진
**中国(ちゅうごく)** 중국
**幼(おさな)なじみ** 소꿉친구
**~で** ~이고
**ベストフレンド** 베스트 프렌드, 절친

**すてきだ** 멋지다
**友(とも)だち** 친구
**~にも** ~에도
**親(した)しい** 친하다
**まだ** 아직
**いません** 없습니다
**さびしい** 쓸쓸하다
**ときどき** 때때로
**うらやましい** 부럽다

**いつも** 언제나
**そば** 옆, 곁
**ある** 있다
**じゃないですか** ~지 않습니까
**フフフ** 후후후
**本当(ほんとう)に** 정말로
**かわいい** 귀엽다

## 01 あります, ありません 있습니다, 없습니다 (무생물, 식물)

私(わたし)には 夢(ゆめ)が あります。

教室(きょうしつ)には 机(つくえ)と いすが あります。

時間(じかん)が ありません。

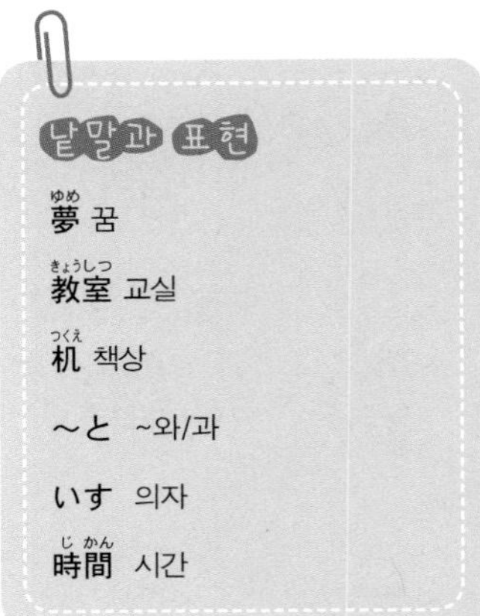

낱말과 표현

夢(ゆめ) 꿈
教室(きょうしつ) 교실
机(つくえ) 책상
～と ~와/과
いす 의자
時間(じかん) 시간

## 02 います, いません 있습니다, 없습니다 (사람, 동물)

私(わたし)の 家(いえ)には 犬(いぬ)が います。

彼(かれ)には 彼女(かのじょ)が います。

恋人(こいびと)は いません。

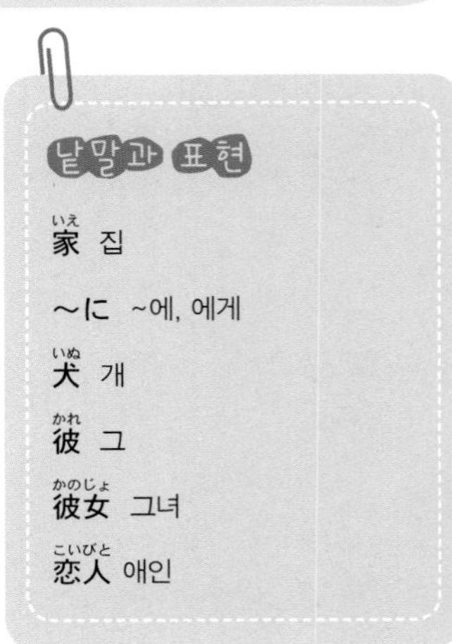

낱말과 표현

家(いえ) 집
～に ~에, 에게
犬(いぬ) 개
彼(かれ) 그
彼女(かのじょ) 그녀
恋人(こいびと) 애인

Track 11-02

## 03 ～に あります / います ～에 있습니다

銀行(ぎんこう)は 会社(かいしゃ)の 隣(となり)に あります。

財布(さいふ)の 中(なか)に 家族(かぞく)の 写真(しゃしん)が あります。

私(わたし)の 心(こころ)の 中(なか)に あなたが います。

先生(せんせい)は 教室(きょうしつ)の 前(まえ)に います。

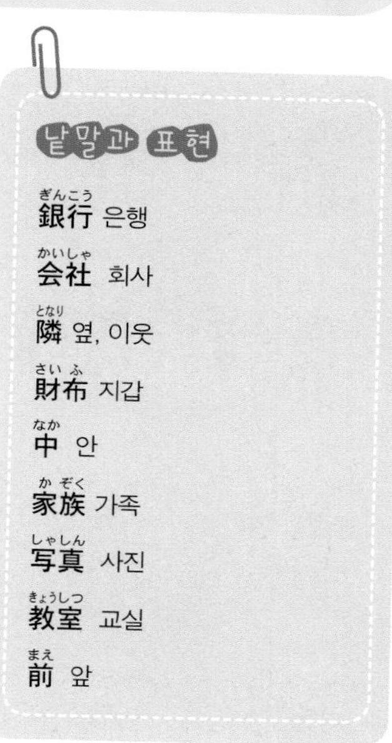

## 04 どこに ありますか / いますか 어디에 있습니까?

図書館(としょかん)は どこに ありますか。

自転車(じてんしゃ)は どこに ありますか。

犬(いぬ)は どこに いますか。

先輩(せんぱい)は どこに いますか。

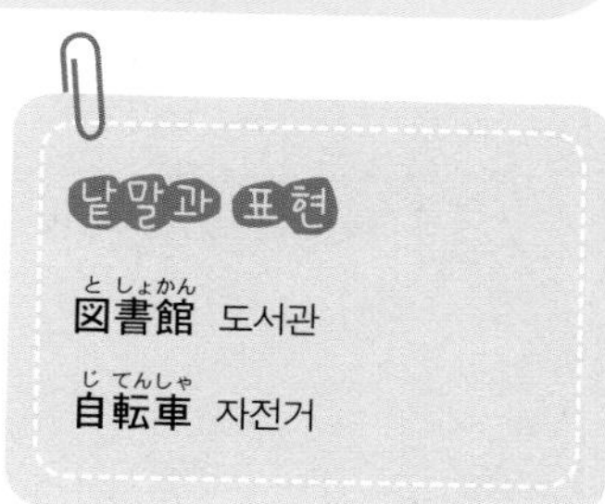

Track 11-02

## 05 위치관련 어휘

| 上(うえ)<br>위 | 下(した)<br>밑, 아래 | 前(まえ)<br>앞 | 後(うし)ろ<br>뒤 | |
|---|---|---|---|---|
| 中(なか)<br>안 | 真(ま)ん中(なか)<br>한가운데 | 右(みぎ)<br>오른쪽 | 左(ひだり)<br>왼쪽 | |
| 近(ちか)く<br>근처 | 周(まわ)り<br>주위 | 横(よこ)<br>옆 | 隣(となり)<br>이웃 | そば<br>곁 |

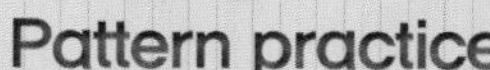


Track 11-03

**보기와 같이 연습해 보세요.**

보기

A : パソコンは どこに ありますか。

B : パソコンは 机(つくえ)の 上(うえ)に あります。

パソコン·机(つくえ)の 上(うえ)

1. いすは どこに ありますか。 — 机(つくえ)の 前(まえ)
2. ファックスは どこに ありますか。 — 机(つくえ)の 横(よこ)
3. コピー機(き)は どこに ありますか。 — ファックスの 後(うし)ろ
4. プリンターは どこに ありますか。 — パソコンの 右(みぎ)

| | | |
|---|---|---|
| **パソコン** 컴퓨터 | **いす** 의자 | **コピー機(き)** 복사기 |
| **机(つくえ)** 책상 | **ファックス** 팩스 | **プリンター** 프린터 |

Track 11-04

**보기**

コンビニの 前(まえ)

A : 郵便局(ゆうびんきょく)は どこに ありますか。

B : 郵便局(ゆうびんきょく)は コンビニの 前(まえ)に あります。

1. 銀行(ぎんこう)は どこに ありますか。　　郵便局(ゆうびんきょく)の 隣(となり)
2. 薬局(やっきょく)は どこに ありますか。　　病院(びょういん)の 後(うし)ろ
3. デパートは どこに ありますか。　　病院(びょういん)の 向(む)かい
4. コンビニは どこに ありますか。　　銀行(ぎんこう)の 近(ちか)く

郵便局(ゆうびんきょく) 우체국
コンビニ 편의점
前(まえ) 앞
銀行(ぎんこう) 은행
隣(となり) 옆, 이웃
薬局(やっきょく) 약국
病院(びょういん) 병원
後(うし)ろ 뒤
デパート 백화점
向(む)かい 맞은편

## Pattern practice

Track 11-05

**C**

**보기**

店員(てんいん)·ドアの 前(まえ)

A：店員(てんいん)は どこに いますか。

B：店員(てんいん)は ドアの 前(まえ)に います。

1. 中村(なかむら)さんは どこに いますか。　　イさんの そば
2. アリョさんは どこに いますか。　　中村(なかむら)さんの 前(まえ)
3. 犬(いぬ)は どこに いますか。　　アリョさんの 横(よこ)
4. 猫(ねこ)は どこに いますか。　　ソファーの 上(うえ)

店員(てんいん) 점원
ドア 문
そば 곁, 옆
犬(いぬ) 개
横(よこ) 옆
猫(ねこ) 고양이
ソファー 소파
上(うえ) 위

Check

어휘·문법

①~④ 중에서 가장 알맞은 것을 골라 O표 하세요.

**1** 田中先生は どこに＿＿★＿＿。

① います　　② いますか

③ あります　　④ ありますか

**2** 銀行は どこに＿＿★＿＿。

① あります　　② ありません

③ ありますか　　④ いますか

**3** 犬は ソファーの 上＿★＿います。

① が　　② と　　③ も　　④ に

청취

Track 11-06

잘 듣고 ①~③ 중에서 질문의 답으로 가장 알맞은 것을 골라 O표 하세요.

**1** ソファーは どこに ありますか。

①　　②　　③

**2** 中村さんは 今 どこに いますか。

①　　②　　③

**3** パクさんの 犬は どこに いますか。

①　　②　　③

Kanji & Katakana

한자

| びょういん | びょういん | びょういん | | |
|---|---|---|---|---|
| 病院<br>병원 | 病院 | 病院 | | |
| ゆうびんきょく | ゆうびんきょく | ゆうびんきょく | | |
| 郵便局<br>우체국 | 郵便局 | 郵便局 | | |
| やっきょく | やっきょく | やっきょく | | |
| 薬局<br>약국 | 薬局 | 薬局 | | |
| ぎんこう | ぎんこう | ぎんこう | | |
| 銀行<br>은행 | 銀行 | 銀行 | | |
| えいがかん | えいがかん | えいがかん | | |
| 映画館<br>영화관 | 映画館 | 映画館 | | |

가타카나

| | | |
|---|---|---|
| ファックス<br>팩스 | ファックス | |
| コピー<br>복사 | コピー | |
| プリンター<br>프린터 | プリンター | |

## 어디에 있습니까?

Track 11-07

**보기**

그림을 보면서 다음과 같이 이야기해 보세요.

A：美容院(びよういん)は どこに ありますか。

B：病院(びょういん)の 隣(となり)に あります。

① 美容院(びよういん) 미용실

② 病院(びょういん) 병원

③ 塾(じゅく) 학원

④ 地下鉄駅(ちかてつえき) 지하철역

⑤ 銀行(ぎんこう) 은행

⑥ スーパー 슈퍼

⑦ コーヒーショップ 커피숍

⑧ バス停(てい) 버스 정류장

⑨ 食堂(しょくどう) 식당

⑩ パン屋(や) 제과점

⑪ クリーニング屋(や) 세탁소

⑫ 不動産屋(ふどうさんや) 부동산

⑬ 八百屋(やおや) 채소 가게

⑭ 文房具屋(ぶんぼうぐや) 문방구점

⑮ コンビニ 편의점

⑯ 小学校(しょうがっこう) 초등학교

⑰ 幼稚園(ようちえん) 유치원

⑱ 公園(こうえん) 공원

あかさテクン
톡톡 어휘

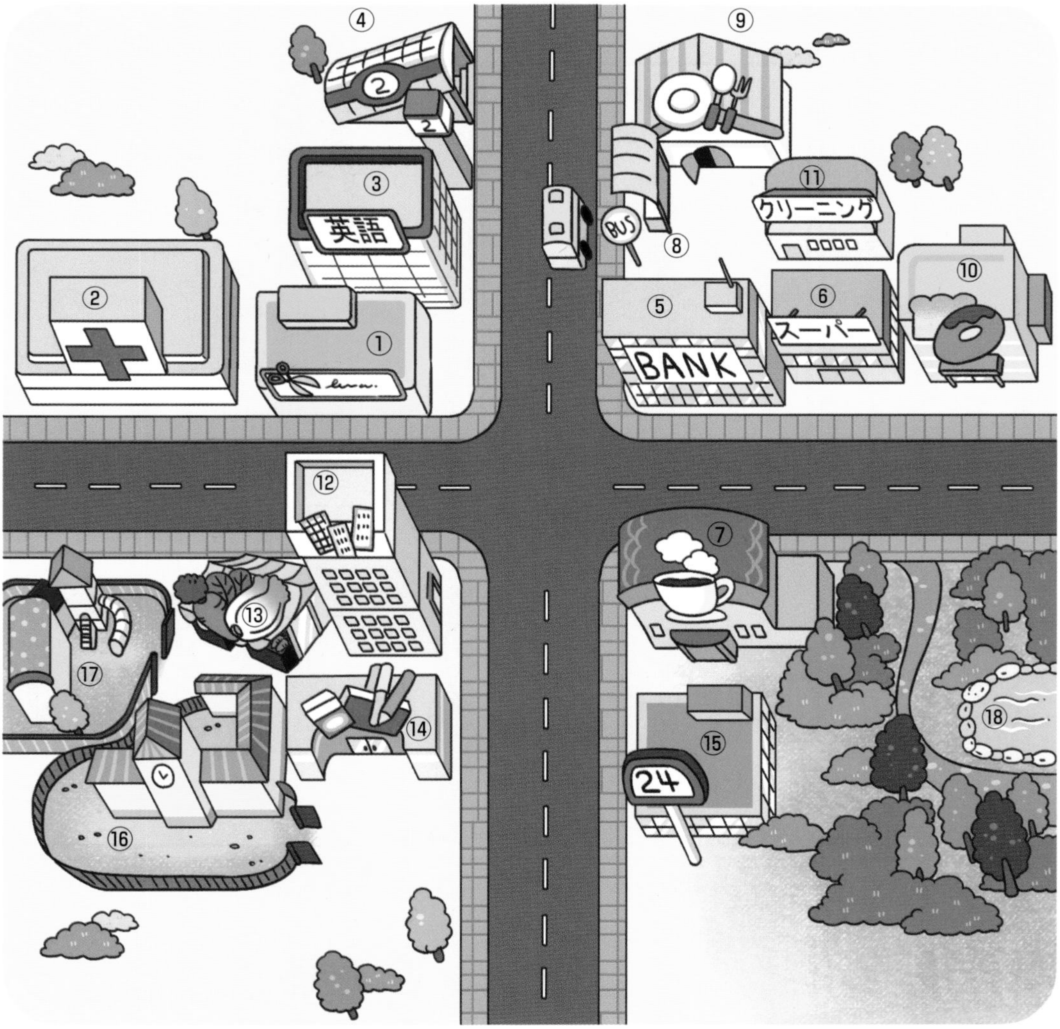

④
⑨
③
英語
②
①
BUS
⑧
⑪
クリーニング
⑤
BANK
⑥
スーパー
⑩
⑫
⑦
⑬
⑰
⑭
⑮
24
⑯
⑱

unit 12

# 毎日(まいにち) 図書館(としょかん)で 勉強(べんきょう)を しますか。

매일 도서관에서 공부를 합니까?

**학습목표** 동사의 ます형 익히기

Track 12-01

| | |
|---|---|
| アリョ | 先輩(せんぱい)、先輩(せんぱい)は いつも 授業(じゅぎょう)の 後(あと) どこに 行(い)きますか。 |
| ジュンス | 普通(ふつう) 図書館(としょかん)に 行(い)くよ。 |
| アリョ | 毎日(まいにち) 図書館(としょかん)で 何(なに)を しますか。 |
| ジュンス | うん、試験勉強(しけんべんきょう)や レポート、ネット検索(けんさく)とかね。 |
| | 図書館(としょかん)は 快適(かいてき)で いろいろと 便利(べんり)だよ。 |
| アリョ | そうですか。じゃ、私(わたし)も 今日(きょう)から 図書館(としょかん)に 行(い)きます。 |
| ジュンス | そう？ じゃ、僕(ぼく)が 案内(あんない)するよ。 |
| アリョ | 本当(ほんとう)ですか。ありがとうございます。 |

### 낱말과 표현

- いつも 항상
- 授業(じゅぎょう) 수업
- 後(あと) 후
- どこ 어디
- 行(い)く 가다
- 普通(ふつう) 보통
- 図書館(としょかん) 도서관
- 毎日(まいにち) 매일
- ～で ~에서
- 何(なに) 무엇
- ～を ~을, 를
- する 하다
- 試験勉強(しけんべんきょう) 시험 공부
- ～や ~이나, ~이랑
- レポート (대학 등의) 리포트
- ネット検索(けんさく) 인터넷 검색
- 快適(かいてき)だ 쾌적하다
- いろいろと 여러 가지로
- 便利(べんり)だ 편리하다
- ～も ~도
- 今日(きょう) 오늘
- ～から ~부터
- 僕(ぼく) 나, 저(남성어)
- 案内(あんない)する 안내하다

## 01 동사의 ます 활용

### ① 1그룹 동사의 ます형

어미인 う단을 い단으로 바꾸고 ます를 접속한다.

| 기본형 | | ます형 | | | |
|---|---|---|---|---|---|
| 会う | 만나다 | 会い + ます | → | 会います | 만납니다 |
| 書く | 쓰다 | 書き + ます | → | 書きます | 씁니다 |
| 泳ぐ | 헤엄치다 | 泳ぎ + ます | → | 泳ぎます | 헤엄칩니다 |
| 話す | 이야기하다 | 話し + ます | → | 話します | 이야기합니다 |
| 待つ | 기다리다 | 待ち + ます | → | 待ちます | 기다립니다 |
| 死ぬ | 죽다 | 死に + ます | → | 死にます | 죽습니다 |
| 遊ぶ | 놀다 | 遊び + ます | → | 遊びます | 놉니다 |
| 読む | 읽다 | 読み + ます | → | 読みます | 읽습니다 |
| 降る | 내리다 | 降り + ます | → | 降ります | 내립니다 |

cf. 예외 동사

| 기본형 | | ます형 | | | |
|---|---|---|---|---|---|
| 入る | 들어오/가다 | 入り + ます | → | 入ります | 들어옵/갑니다 |
| 帰る | 돌아오/가다 | 帰り + ます | → | 帰ります | 돌아옵/갑니다 |

Track 12-02

## ② 2그룹 동사의 ます형

어간 +ます의 형태, 어미 る를 없애고 ます를 접속한다.

| 기본형 | ます형 |
|---|---|
| 見(み)る　보다 | 見(み) + ます → 見(み)ます　봅니다 |
| 起(お)きる　일어나다 | 起(お)き + ます → 起(お)きます　일어납니다 |
| 食(た)べる　먹다 | 食(た)べ + ます → 食(た)べます　먹습니다 |
| 寝(ね)る　자다 | 寝(ね) + ます → 寝(ね)ます　잡니다 |

## ③ 3그룹 동사의 ます형

3그룹 동사는 변격동사로서 불규칙 동사이다.

| 기본형 | ます형 |
|---|---|
| 来(く)る　오다<br>する　하다 | 来(き)ます　옵니다<br>します　합니다 |

## 02 ～ます ~입니다

明日(あした) 車(くるま)で 行(い)きます。

動画(どうが)を 見(み)ます。

ホームページに ログインします。

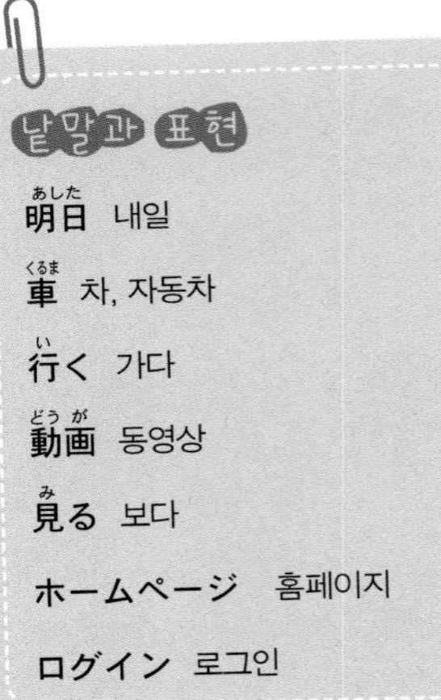


## 03 ～ません ~하지 않습니다

タバコは 吸(す)いません。

朝(あさ)ごはんは 食(た)べません。

欠席(けっせき)は しません。

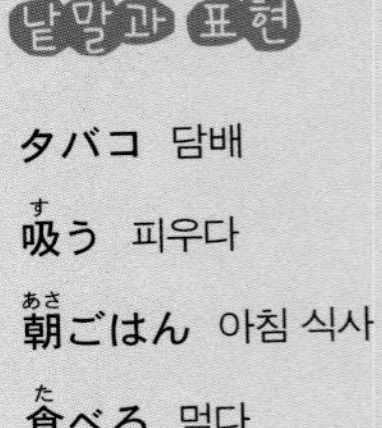

# Grammar

Track 12-02

## ~ました ~했습니다

コンサートに 行(い)きました。

今日(きょう)は 朝早(あさはや)く 起(お)きました。

昨日(きのう) 友(とも)だちと いっしょに 映画(えいが)を 見(み)ました。

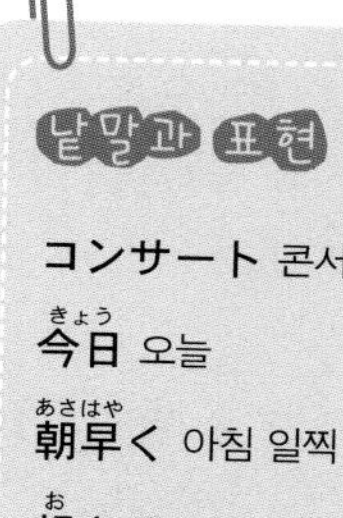

**낱말과 표현**

- **コンサート** 콘서트
- **今日(きょう)** 오늘
- **朝早(あさはや)く** 아침 일찍
- **起(お)きる** 일어나다
- **昨日(きのう)** 어제
- **~と** ~와/과
- **いっしょに** 같이
- **映画(えいが)** 영화

## ~ませんでした ~하지 않았습니다

お酒(さけ)を 飲(の)みませんでした。

＊ 全然(ぜんぜん) 知(し)りませんでした。

宿題(しゅくだい)を しませんでした。

**낱말과 표현**

- **お酒(さけ)** 술
- **飲(の)む** 마시다
- **全然(ぜんぜん)** 전혀
- **知(し)る** 알다
- **宿題(しゅくだい)** 숙제

## 06 조사

① を ~을, ~를 (목적의 대상)

新聞(しんぶん)を 読(よ)みます。

ラーメンを 食(た)べました。

新聞(しんぶん) 신문

読(よ)む 읽다

ラーメン 라면

食(た)べる 먹다

② に ~으로, ~에 (시간, 귀착점, 대상)

7時(じ)に 起(お)きました。

学校(がっこう)に 行(い)きます。

＊先生(せんせい)に 会(あ)いました。

＊電車(でんしゃ)に 乗(の)りました。

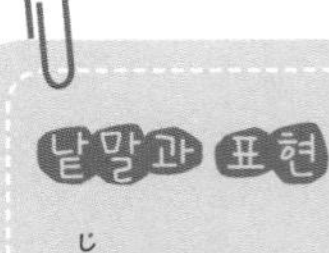


7時(じ) 7시

起(お)きる 일어나다

学校(がっこう) 학교

行(い)く 가다

先生(せんせい) 선생님

会(あ)う 만나다

電車(でんしゃ) 전철

乗(の)る 타다

Track 12-02

### ③ で　~에서 (장소), ~으로 (수단)

ボールペンで 書(か)きます。

日本語(にほんご)で 話(はな)します。

図書館(としょかん)で 勉強(べんきょう)します。

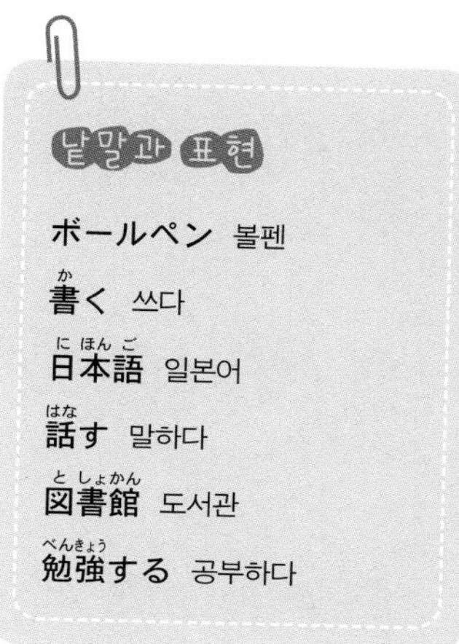


### ④ へ　~으로, ~에 (방향)

昨日(きのう) デパートへ 行(い)きました。

アメリカへ 行(い)きます。

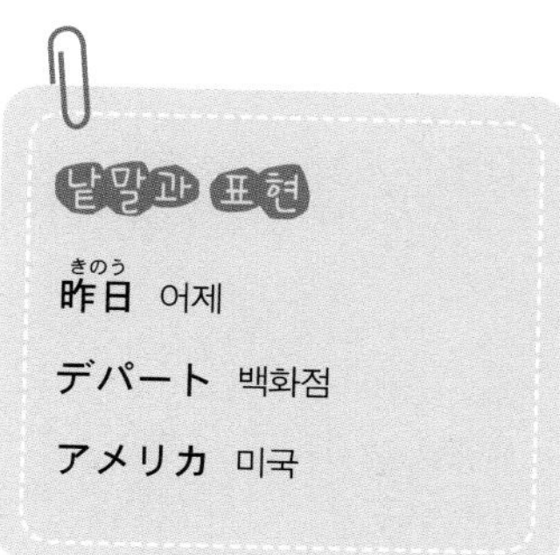

## Grammar

Track 12-02

### ⑤ と ~와, ~과

友(とも)だちと いっしょに ご飯(はん)を 食(た)べました。

ペットと 散歩(さんぽ)を しました。

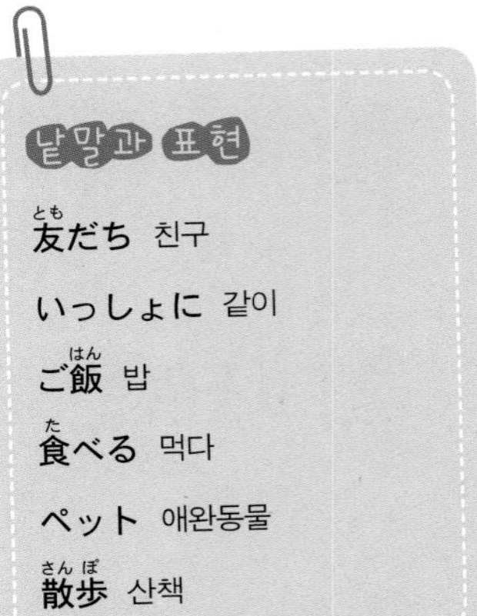
낱말과 표현

友(とも)だち 친구

いっしょに 같이

ご飯(はん) 밥

食(た)べる 먹다

ペット 애완동물

散歩(さんぽ) 산책

Track 12-03

## A 보기와 같이 연습해 봅시다.

**보기**

A : 明日(あした) 学校(がっこう)に 行(い)きますか。

B : はい、行(い)きます。

いいえ、行(い)きません。

明日(あした) 学校(がっこう)に 行(い)く

1 タバコを 吸(す)う

2 手紙(てがみ)を 書(か)く

3 海(うみ)で 泳(およ)ぐ

4 薬(くすり)を 飲(の)む

5 ニュースを 見(み)る

6 毎日(まいにち) 散歩(さんぽ)する

### 낱말과 표현

明日(あした) 내일
学校(がっこう)に 行(い)く 학교에 가다
タバコを 吸(す)う 담배를 피우다
手紙(てがみ)を 書(か)く 편지를 쓰다
海(うみ)で 泳(およ)ぐ 바다에서 헤엄치다
薬(くすり)を 飲(の)む 약을 먹다
ニュースを 見(み)る 뉴스를 보다
毎日(まいにち) 매일
散歩(さんぽ)する 산책하다

## B

Track 12-04

**보기**

A：昨日(きのう) 映画(えいが)を 見(み)ましたか。

B：はい、見(み)ました。

いいえ、見(み)ませんでした。

映画(えいが)を見(み)る

1 友(とも)だちに 会(あ)う

2 料理(りょうり)を 作(つく)る

3 お風呂(ふろ)に 入(はい)る

4 試験(しけん)を 受(う)ける

5 アルバイトを する

6 日本語(にほんご)の 勉強(べんきょう)を する

### 낱말과 표현

昨日(きのう) 어제
映画(えいが)を 見(み)る 영화를 보다
友(とも)だちに 会(あ)う 친구를 만나다
料理(りょうり)を 作(つく)る 요리를 만들다
お風呂(ふろ)に 入(はい)る 목욕하다
試験(しけん)を 受(う)ける 시험을 치르다
アルバイト 아르바이트
勉強(べんきょう) 공부

## C

Track 12-05

A：何(なに)を 食(た)べましたか。

B：ピザを 食(た)べました。

何(なに)を 食(た)べる · ピザ

1 何(なに)を 買(か)う · 本(ほん)

2 どこに 行(い)く · トイレ

3 何時(なんじ)に 帰(かえ)る · 9時(じ)

4 何(なに)を 見(み)る · 映画(えいが)

5 だれに 会(あ)う · 恋人(こいびと)

6 どこで 会う · 会社(かいしゃ)の 前(まえ)

| | | |
|---|---|---|
| 何(なに) 무엇 | 行(い)く 가다 | だれ 누구 |
| 買(か)う 사다 | トイレ 화장실 | 前(まえ) 앞 |
| どこ 어디 | 帰(かえ)る 돌아가다 | |

Check

어휘·문법

**①~④ 중에서 가장 알맞은 것을 골라 O표 하세요.**

**1** 図書館(としょかん)で 本(ほん)を＿＿★＿＿。

① 読(よ)みます　② 行(い)きます

③ 食(た)べます　④ 飲(の)みます

**2** 昨日(きのう) 中村(なかむら)さん＿＿★＿＿会(あ)いました。

① を　② に　③ で　④ の

**3** ご飯(はん)を＿＿★＿＿。

① 食(た)べました　② 飲(の)みました

③ 行(い)きました　④ 遊(あそ)びました

청취

Track 12-06

**잘 듣고 ①~③ 중에서 질문의 답으로 가장 알맞은 것을 골라 O표 하세요.**

**1** 明日(あした) 病院(びょういん)に 行(い)きますか。

①　②　③

**2** 勉強(べんきょう)を しましたか。

①　②　③

**3** どこで 会(あ)いましたか。

①　②　③

Kanji & Katakana

한자

| あう 会う 만나다 | あう 会う | あう 会う | | |
|---|---|---|---|---|
| いく 行く 가다 | いく 行く | いく 行く | | |
| かく 書く 쓰다 | かく 書く | かく 書く | | |
| はなす 話す 이야기하다 | はなす 話す | はなす 話す | | |
| まつ 待つ 기다리다 | まつ 待つ | まつ 待つ | | |
| あそぶ 遊ぶ 놀다 | あそぶ 遊ぶ | あそぶ 遊ぶ | | |

가타카나

| ホームページ 홈페이지 | ホームページ | |
|---|---|---|
| ログイン 로그인 | ログイン | |
| アルバイト 아르바이트 | アルバイト | |

# 일상 생활 동사 표현

Track 12-07

**보기**

그림을 보면서 다음과 같이 이야기해 보세요.

A：朝(あさ)ごはんを 食(た)べましたか。

B：はい、食(た)べました。

いいえ、食(た)べませんでした。

朝早(あさはや)く 起(お)きる
아침 일찍 일어나다

顔(かお)を 洗(あら)う
얼굴을 씻다

歯(は)を 磨(みが)く
이를 닦다

化粧(けしょう)を する
화장을 하다

朝(あさ)ごはんを 食(た)べる
아침밥을 먹다

新聞(しんぶん)を 読(よ)む
신문을 읽다

# 톡톡 어휘

地下鉄(ちかてつ)に 乗(の)る
지하철을 타다

会社(かいしゃ)に 行(い)く
회사에 가다

仕事(しごと)を する
일하다

残業(ざんぎょう)する
잔업하다 (야근하다)

家(いえ)に 帰(かえ)る
집에 돌아가다

シャワーを 浴(あ)びる
샤워하다

テレビを 見(み)る
텔레비전을 보다

インターネットを する
인터넷을 하다

夜遅(よるおそ)く 寝(ね)る
밤늦게 자다

unit 13

# コンサートに行(い)きませんか。

콘서트에 가지 않겠습니까?

**학습목표** 목적과 권유 표현 익히기

## Dialogue

Track 13-01

ジュウォン　中村さん、今週の 土曜日 、コンサートに 行きませんか。

美香　何の コンサートですか。

ジュウォン　ロックコンサートです。韓国の 伝説的な 歌手が いっぱい 出ますよ。

美香　でも、チケットが 高くないですか。

ジュウォン　ハハハ、実は 招待イベントに 当たりました。チケットは ただですよ。

美香　すごーい!! じゃ、コンサートの 後、すてきな レストランで 食事を しましょう。夕食は 私が おごりますよ。

ジュウォン　じゃ、土曜日の 午後、中村さんの 家に 迎えに 行きましょうか。

美香　それは ちょっと。コンサート 会場の 前で 会いましょう。

### 낱말과 표현

今週 이번 주
土曜日 토요일
コンサート 콘서트
何の 무슨
ロック 록
伝説的だ 전설적이다
いっぱい 많이
出る 나오다
でも 하지만
チケット 티켓
高い 비싸다
実は 실은
招待 초대
イベント 이벤트
当たる 당첨되다
ただ 공짜
すごい 굉장하다
後 후
すてきだ 멋지다
レストラン 레스토랑
食事 식사
夕食 저녁 식사
おごる 한턱 쏘다
午後 오후
家 집
迎えに 行く 마중가다
会場 행사장

## 01 に ~하러

① 명사 : (동작성) 명사 + に

ドライブに 行(い)く。

食事(しょくじ)に 行(い)きます。

散歩(さんぽ)に 行(い)きます。

ドライブ 드라이브

行(い)く 가다

食事(しょくじ) 식사

散歩(さんぽ) 산책

② 동사 : ます형 + に

先生(せんせい)に 会(あ)いに 行(い)きます。

図書館(としょかん)に 本(ほん)を 借(か)りに 行(い)きます。

友(とも)だちと 遊(あそ)びに 来(き)ました。

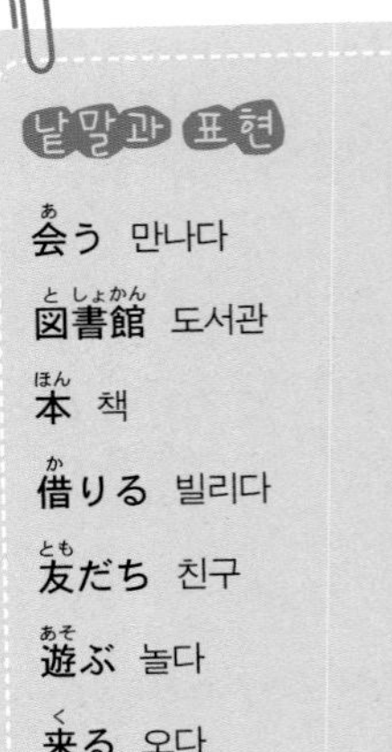


会(あ)う 만나다

図書館(としょかん) 도서관

本(ほん) 책

借(か)りる 빌리다

友(とも)だち 친구

遊(あそ)ぶ 놀다

来(く)る 오다

Track 13-02

## 02 동사 ます형 ませんか ~지 않겠습니까?

ちょっと 歩(ある)きませんか。

少(すこ)し 休(やす)みませんか。

お茶(ちゃ)でも しませんか。

낱말과 표현

ちょっと 잠깐, 잠시, 조금
歩(ある)く 걷다
少(すこ)し 조금
休(やす)む 쉬다
お茶(ちゃ) 차
~でもする ~라도 하다

## 03 ~に ~ませんか ~하러 ~지 않겠습니까?

ドライブに 行(い)きませんか。

野球(やきゅう)を 見(み)に 行(い)きませんか。

みんなで 遊(あそ)びに 行(い)きませんか。

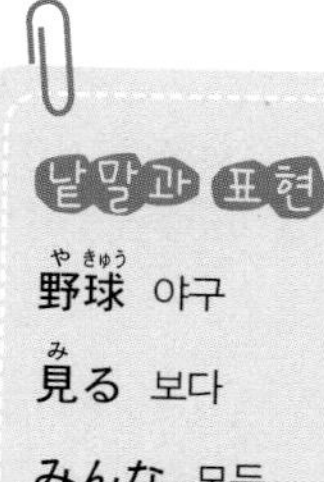

낱말과 표현

野球(やきゅう) 야구
見(み)る 보다
みんな 모두
遊(あそ)ぶ 놀다

Grammar

Track 13-02

## 04 ます형 +ましょう ~합시다

一生懸命(いっしょうけんめい) 勉強(べんきょう)しましょう。

もう 少(すこ)し がんばりましょう。

来年(らいねん)の 春(はる) 結婚(けっこん)しましょう。

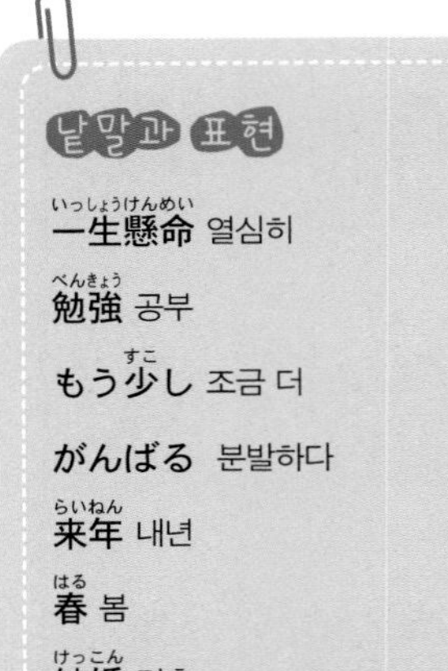

낱말과 표현

一生懸命(いっしょうけんめい) 열심히

勉強(べんきょう) 공부

もう少(すこ)し 조금 더

がんばる 분발하다

来年(らいねん) 내년

春(はる) 봄

結婚(けっこん) 결혼

## 05 ~に ~ましょうか ~러 ~ㄹ까요?

スキーに 行(い)きましょうか。

日本語(にほんご)を 習(なら)いに 行(い)きましょうか。

–いいですね。そうしましょう。

–あの、それは ちょっと。

スキー 스키

日本語(にほんご) 일본어

習(なら)う 배우다

いいですね 좋네요

そうしましょう 그럽시다

あの、それは ちょっと

저기, 그건 좀

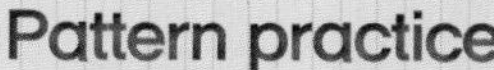


Track 13-03

보기와 같이 연습해 봅시다.

**보기**

A：どこに 行(い)くんですか。

B：学校(がっこう)に 友(とも)だちに 会(あ)いに 行(い)きます。

学校(がっこう)・友(とも)だちに 会(あ)う

1 花屋(はなや) · 花(はな)を 買(か)う

2 学校(がっこう) · 講義(こうぎ)を 聞(き)く

3 居酒屋(いざかや) · お酒(さけ)を 飲(の)む

4 野球場(やきゅうじょう) · 野球(やきゅう)を 見(み)る

5 カフェ · コーヒーを 飲(の)む

6 公園(こうえん) · 散歩(さんぽ)する

**낱말과 표현**

花屋(はなや) 꽃집
買(か)う 사다
講義(こうぎ) 강의
聞(き)く 듣다
居酒屋(いざかや) 선술집
お酒(さけ) 술
飲(の)む 마시다
野球場(やきゅうじょう) 야구장
カフェ 카페
コーヒー 커피
公園(こうえん) 공원
散歩(さんぽ)する 산책하다

## B

Track 13-04

**보기**

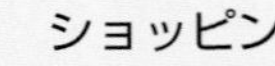


A：今週(こんしゅう)の 土曜日(どようび) ショッピングに 行(い)きませんか。

B：いいですね。そうしましょう。

あの、それは ちょっと。

1 旅行(りょこう)

2 ゴルフ

3 山登(やまのぼ)り

4 ハイキング

5 スキー

6 ドライブ

| | | |
|---|---|---|
| 今週(こんしゅう) 이번 주 | ゴルフ 골프 | スキー 스키 |
| ショッピング 쇼핑 | 山登(やまのぼ)り 등산 | ドライブ 드라이브 |
| 旅行(りょこう) 여행 | ハイキング 하이킹 | |

## C

Track 13-05

A：明日(あした) いっしょに プールに 泳(およ)ぎに 行(い)きましょうか。

B：いいですね。そうしましょう。
あの、それは ちょっと。

プール・泳(およ)ぐ

1 映画館(えいがかん)・映画(えいが)を 見(み)る

2 レストラン・食事(しょくじ)を する

3 美術館(びじゅつかん)・展覧会(てんらんかい)を 見(み)る

4 デパート・ショッピングを する

5 遊園地(ゆうえんち)・遊(あそ)ぶ

6 ホンデの クラブ・踊(おど)る

### 낱말과 표현

プール 수영장
泳(およ)ぐ 헤엄치다
映画館(えいがかん) 영화관
レストラン 레스토랑
食事(しょくじ)を する 식사를 하다
美術館(びじゅつかん) 미술관
展覧会(てんらんかい) 전람회
デパート 백화점
遊園地(ゆうえんち) 유원지
遊(あそ)ぶ 놀다
クラブ 클럽
踊(おど)る 춤추다

Check

어휘·문법

①~④ 중에서 가장 알맞은 것을 골라 O표 하세요.

**1** サッカーを＿＿★＿＿に行(い)きました。

① 見(み)る　② 見(み)た　③ 見(み)い　④ 見(み)

**2** 今週(こんしゅう)の 土曜日(どようび) 食事(しょくじ)＿＿★＿＿行(い)きませんか。

① が　② と　③ を　④ に

**3** A: コーヒーでも＿＿★＿＿。

B: いいですね。そうしましょう。

① 飲(の)みます　② 飲(の)みません

③ 飲(の)みましたか　④ 飲(の)みましょうか

Track 13-06

청취

잘 듣고 ①~④ 중에서 질문의 답으로 가장 알맞은 것을 골라 O표 하세요.

**1** 二人(ふたり)は 明日(あした) 何時(なんじ)に 会(あ)いますか。

① 朝(あさ) 7時(じ)　② 午前(ごぜん) 11時(じ)

③ 午後(ごご) 4時(じ)　④ 夜(よる) 7時(じ)

**2** 二人(ふたり)は どこで 会(あ)いますか。

① 駅(えき)の 近(ちか)く　② カフェ

③ 本屋(ほんや)の 前(まえ)　④ レストラン

**3** 二人(ふたり)は 何(なに)を 食(た)べますか。

① ラーメン　② トンカツ　③ ハンバーガー　④ ピザ

Kanji & Katakana

한자

| しょうたい<br>招待<br>초대 | しょうたい<br>招待 | しょうたい<br>招待 | | |
|---|---|---|---|---|
| おうぼ<br>応募<br>응모 | おうぼ<br>応募 | おうぼ<br>応募 | | |
| しょくじ<br>食事<br>식사 | しょくじ<br>食事 | しょくじ<br>食事 | | |
| ゆうしょく<br>夕食<br>저녁 식사 | ゆうしょく<br>夕食 | ゆうしょく<br>夕食 | | |
| やきゅう<br>野球<br>야구 | やきゅう<br>野球 | やきゅう<br>野球 | | |
| さんぽ<br>散歩<br>산책 | さんぽ<br>散歩 | さんぽ<br>散歩 | | |

가타카나

| イベント<br>이벤트 | イベント | |
|---|---|---|
| チケット<br>티켓 | チケット | |
| カフェ<br>카페 | カフェ | |

# 권유형으로 말해보기

Track 13-07

**보기**

그림을 보면서 다음과 같이 이야기해 보세요.

音楽(おんがく)を 聞(き)きませんか。

音楽(おんがく)を 聞(き)きましょうか。

お茶(ちゃ)を 飲(の)む
차를 마시다

外(そと)に 出(で)る
밖으로 나가다, 외출하다

料理(りょうり)を 作(つく)る
요리를 만들다

キャンプに 行(い)く
캠프에 가다

海岸(かいがん)に ドライブに 行(い)く
해안에 드라이브하러 가다

踊(おど)りを 踊(おど)る
춤추다

# 톡톡 어휘

写真(しゃしん)を 撮(と)る
사진을 찍다

内容(ないよう)を 削除(さくじょ)する
내용을 삭제하다

プログラムを ダウンロードする
프로그램을 다운로드 하다

資料(しりょう)を コピーする
자료를 복사하다

部屋(へや)を 掃除(そうじ)する
방을 청소하다

公園(こうえん)を 散歩(さんぽ)する
공원을 산책하다

教室(きょうしつ)で 先生(せんせい)を 待(ま)つ
교실에서 선생님을 기다리다

夕食(ゆうしょく)を 食(た)べる
저녁을 먹다

家(いえ)に 帰(かえ)る
집에 돌아가다

# どんな人(ひと)に なりたいですか。

어떤 사람이 되고 싶습니까?

**학습목표** 소원 표현 익히기

# Dialogue

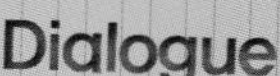


| | |
|---|---|
| アリョ | 先輩(せんぱい)は 将来(しょうらい) どこに 就職(しゅうしょく)したいですか。 |
| ジュンス | 就職(しゅうしょく)も 重要(じゅうよう)だけど、自分(じぶん)の 夢(ゆめ)や 目標(もくひょう)が もっと 重要(じゅうよう)じゃないかな。 |
| アリョ | さすが イ先輩(せんぱい)!! 先輩(せんぱい)の 夢(ゆめ)は 何(なん)ですか。 |
| ジュンス | 僕(ぼく)は みんなの 役(やく)に 立(た)つ 立派(りっぱ)な 社会人(しゃかいじん)に なりたいよ。 |
| アリョ | すてきですね。 |
| ジュンス | アリョは どんな 人(ひと)に なりたい? |
| アリョ | 私(わたし)は 立派(りっぱ)な 社会人(しゃかいじん)の ための 会社の CEOに なりたいです。 |

## 낱말과 표현

- **将来(しょうらい)** 장래
- **どこに** 어디에
- **就職(しゅうしょく)** 취직
- **～たい** ~고 싶다
- **～も** ~도
- **重要(じゅうよう)だ** 중요하다
- **～けど** ~지만
- **自分(じぶん)の** 자신의
- **夢(ゆめ)** 꿈
- **～や** ~나
- **目標(もくひょう)** 목표
- **もっと** 더
- **さすが** 역시, 과연
- **みんな** 모두
- **役(やく)に 立(た)つ** 도움이 되다
- **立派(りっぱ)だ** 훌륭하다
- **社会人(しゃかいじん)** 사회인
- **なる** 되다
- **素敵(すてき)だ** 멋지다

## 01 ます형 たい ~고 싶다

すてきな 恋人(こいびと)に 出会(であ)いたい。

おいしい コーヒーが 飲(の)みたいです。

いい 会社(かいしゃ)に 就職(しゅうしょく)したいです。

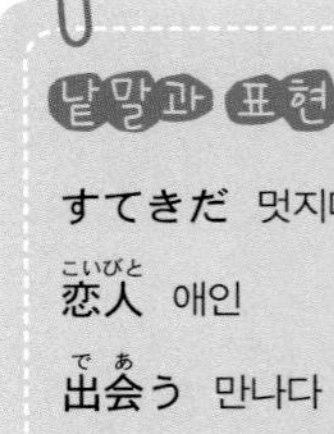


すてきだ 멋지다
恋人(こいびと) 애인
出会(であ)う 만나다
おいしい 맛있다
コーヒー 커피
飲(の)む 마시다
いい 좋은
会社(かいしゃ) 회사
就職(しゅうしょく) 취직

## 02 ます형 たくない ~고 싶지 않다

彼(かれ)と 話(はな)したくない。

試験(しけん)に 落(お)ちたくないです。

こんな 仕事(しごと)は したくないです。

彼(かれ) 그, 남자친구
話(はな)す 말하다
試験(しけん) 시험
落(お)ちる 떨어지다
こんな 이런
仕事(しごと) 일

Track 14-02

## 03 なりたい 되고 싶다

### ① 명사 に なりたい ~이/가 되고 싶다

公務員(こうむいん)に なりたい。

教師(きょうし)に なりたいです。

有名(ゆうめい)な インフルエンサーに なりたいです。

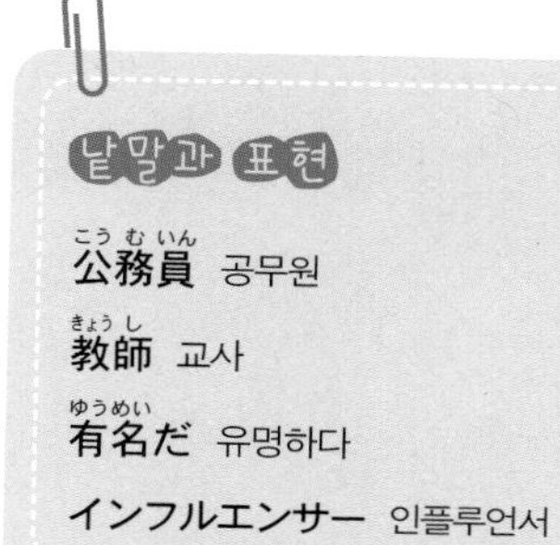
낱말과 표현

公務員(こうむいん) 공무원

教師(きょうし) 교사

有名(ゆうめい)だ 유명하다

インフルエンサー 인플루언서

### ② な형용사 어간 に なりたい ~게 되고 싶다

きれいに なりたいです。

幸(しあわ)せに なりたいです。

前向(まえむ)きに なりたいです。

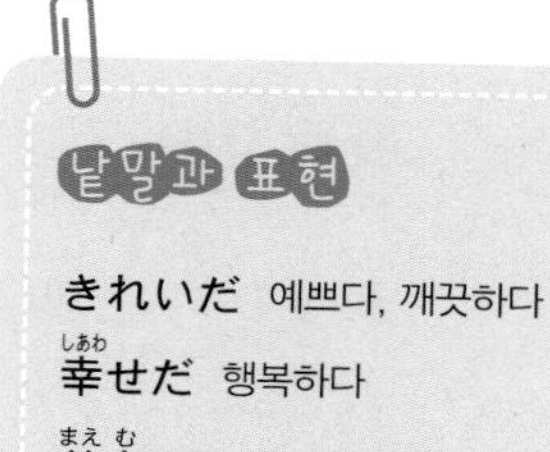
낱말과 표현

きれいだ 예쁘다, 깨끗하다

幸(しあわ)せだ 행복하다

前向(まえむ)きだ 긍정적이다

Grammar

Track 14-02

③ い형용사 어간 く なりたい ~게 되고 싶다

もっと 強(つよ)く なりたいです。

性格(せいかく)が 明(あか)るく なりたいです。

背(せ)が 高(たか)く なりたいです。

낱말과 표현

もっと 더욱 더

強(つよ)い 강하다

性格(せいかく) 성격

明(あか)るい 밝다

背(せ) 키

高(たか)い 높다, 크다

## 04 ほしい 갖고 싶다

最新型(さいしんがた)の スマートフォンが ほしい。

タブレットPCが ほしいです。

かわいい ペットが ほしいです。

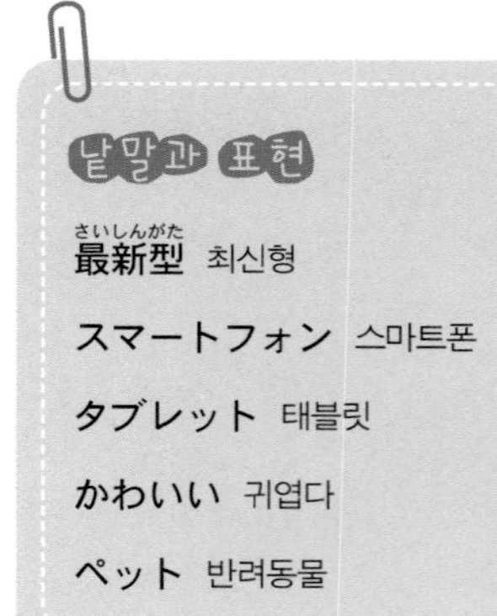
낱말과 표현

最新型(さいしんがた) 최신형

スマートフォン 스마트폰

タブレット 태블릿

かわいい 귀엽다

ペット 반려동물

Track 14-03

## A 보기와 같이 연습해 봅시다.

A：すしが 食(た)べたいですか。

B：はい、食(た)べたいです。

いいえ、食(た)べたくないです。

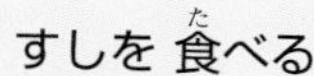

1 車(くるま)を 買(か)う

2 日本語(にほんご)で 話(はな)す

3 友(とも)だちと 遊(あそ)ぶ

4 お酒(さけ)を 飲(の)む

5 朝早(あさはや)く 起(お)きる

6 図書館(としょかん)で 勉強(べんきょう)する

### 낱말과 표현

すし 초밥
食(た)べる 먹다
買(か)う 사다
話(はな)す 이야기하다
～と ~와/~과
遊(あそ)ぶ 놀다
お酒(さけ) 술
飲(の)む 마시다
朝早(あさはや)く 아침 일찍
起(お)きる 일어나다
図書館(としょかん) 도서관
勉強(べんきょう) 공부

Track 14-04

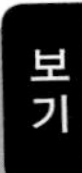


A : 将来(しょうらい) 何(なに)に なりたいですか。

B : アナウンサーに なりたいです。

アナウンサー

1 歌手(かしゅ)

2 作家(さっか)

3 記者(きしゃ)

4 銀行員(ぎんこういん)

5 プログラマー

6 デザイナー

**낱말과 표현**

アナウンサー 아나운서
将来(しょうらい) 장래
歌手(かしゅ) 가수
作家(さっか) 작가
記者(きしゃ) 기자
銀行員(ぎんこういん) 은행원
プログラマー 프로그래머
デザイナー 디자이너

Track 14-05

A：今(いま) 何(なに)が 一番(いちばん) ほしいですか。

B：お金(かね)が 一番(いちばん) ほしいです。

お金(かね)

1 靴(くつ)

2 スーツ

3 スマートフォン

4 自転車(じてんしゃ)

5 車(くるま)

6 かばん

낱말과 표현

| | | |
|---|---|---|
| お金(かね) 돈 | 靴(くつ) 구두 | 自転車(じてんしゃ) 자전거 |
| 一番(いちばん) 가장, 제일 | スーツ 정장, 슈트 | 車(くるま) 차 |
| ほしい 갖고 싶다 | 電子辞書(でんしじしょ) 전자사전 | かばん 가방 |

Check

**어휘·문법**

①~④ 중에서 가장 알맞은 것을 골라 O표 하세요.

**1** 銀行員(ぎんこういん)＿＿★＿＿なりたいです。

① に　② が　③ と　④ を

**2** 背(せ)が＿＿★＿＿なりたいです。

① 高(たか)い　② 高(たか)　③ 高(たか)く　④ 高(たか)に

**3** 日本(にほん)に＿＿★＿＿たいです。

① 行(い)く　② 行(い)き　③ 行(い)か　④ 行(い)こ

Track 14-06

**청취**

잘 듣고 ①~③ 중에서 질문의 답으로 가장 알맞은 것을 골라 O표 하세요.

**1** 将来(しょうらい) 何(なに)に なりたいですか。

①　②　③

**2** 今(いま) 何(なに)が 一番(いちばん) ほしいですか。

①　②　③

**3** 結婚(けっこん)したいですか。

①　②　③

Kanji & Katakana

한자

| | | | | |
|---|---|---|---|---|
| しょうらい<br>将来<br>장래 | しょうらい<br>将来 | しょうらい<br>将来 | | |
| じゅうよう<br>重要<br>중요 | じゅうよう<br>重要 | じゅうよう<br>重要 | | |
| しゅうしょく<br>就職<br>취직 | しゅうしょく<br>就職 | しゅうしょく<br>就職 | | |
| し けん<br>試験<br>시험 | し けん<br>試験 | し けん<br>試験 | | |
| きょう し<br>教師<br>교사 | きょう し<br>教師 | きょう し<br>教師 | | |
| こう む いん<br>公務員<br>공무원 | こう む いん<br>公務員 | こう む いん<br>公務員 | | |

가타카나

| | | |
|---|---|---|
| プログラマー<br>프로그래머 | プログラマー | |
| デザイナー<br>디자이너 | デザイナー | |
| アナウンサー<br>아나운서 | アナウンサー | |

# 좋아하는 스타일, 싫어하는 스타일

Track 14-07

**보기**

당신은 어떤 사람을 좋아하고 싫어하나요? 다음과 같이 이야기를 나누어 보세요.

A : どんな人(ひと)と結婚(けっこん)したいですか。

B : 優(やさ)しい 人(ひと)と 結婚(けっこん)したいです。

A : どんな人(ひと)と結婚(けっこん)したくないですか。

B : うるさい 人(ひと)と 結婚(けっこん)したくないです。

穏(おだ)やかな 人(ひと)
온화한 사람

おおらかな 人(ひと)
너그러운 사람

けんきょな 人(ひと)
겸손한 사람

立派(りっぱ)な 人(ひと)
훌륭한 사람

クールな 人(ひと)
쿨한 사람

真面目(まじめ)な 人(ひと)
성실한 사람

# 톡톡 어휘

優秀(ゆうしゅう)な 人(ひと)
우수한 사람

頭(あたま)の いい 人(ひと)
머리가 좋은 사람

明(あか)るい 人(ひと)
밝은 사람

けちな 人(ひと)
인색한 사람

不真面目(ふまじめ)な 人(ひと)
불성실한 사람

暗(くら)い 人(ひと)
어두운 사람

感情的(かんじょうてき)な 人(ひと)
감정적인 사람

気難(きむずか)しい 人(ひと)
까다로운 사람

神経質(しんけいしつ)な 人(ひと)
신경질적인 사람

# ちょっと助(たす)けてください。

좀 도와주세요.

**학습목표** 동사의 て형과 현재 진행형 및 순서 표현 익히기

선배님!!!
좀 도와주세요!

무슨 일이니?

AI를 사용해서 PPT를 작성하고 있는데
잘 안 되네요. 이건데요.

아, 이거 간단해,
우선 회원등록하고, 파일을 여기에 첨부해서
원하는 PPT 스타일을 선택해서.......

그래도 왠지 어려워요.

내가
가르쳐 줄게.

감사합니다.
선배 덕분에 살았어요!

## Dialogue

Track 15-01

| | |
|---|---|
| アリョ | 先輩(せんぱい)！ちょっと 助(たす)けて ください。 |
| ジュンス | どうしたの？ |
| アリョ | AIを 使(つか)って PPTを 作成(さくせい)して いるんですが、<br>うまく いきません。これなんですけど。 |
| ジュンス | あ、これ 簡単(かんたん)だよ。<br>まず、会員登録(かいいんとうろく)して、ファイルを ここに 添付(てんぷ)して、<br>好(す)きな PPTの スタイルを 選(えら)んで…。 |
| アリョ | でも、なんだか 難(むずか)しいです。 |
| ジュンス | 大丈夫(だいじょうぶ)。僕(ぼく)が 教(おし)えて あげるよ。 |
| アリョ | ありがとうございます。先輩(せんぱい)の おかげで 助(たす)かりました！ |

### 낱말과 표현

- **先輩(せんぱい)** 선배
- **助(たす)ける** 도와주다
- **どうしたの** 무슨 일이야
- **使(つか)う** 사용하다
- **作成(さくせい)** 작성
- **うまく いく** 잘 되다
- **簡単(かんたん)だ** 간단하다
- **会員登録(かいいんとうろく)** 회원 등록
- **ファイル** 파일
- **添付(てんぷ)** 첨부
- **選(えら)ぶ** 선택하다
- **難(むずか)しい** 어렵다
- **大丈夫(だいじょうぶ)だ** 괜찮다
- **教(おし)えて あげる** 가르쳐 주다
- **ありがとうございます** 감사합니다
- **おかげで** 덕분에
- **助(たす)かりました** 도움받았습니다, 살았습니다

## 01 동사 て ~고, ~서(동사 て형)

### ① 1그룹 동사의 て형

| | 기본형 | て형 |
|---|---|---|
| ~く(ぐ) → ~いて(いで) | 書く(か) 쓰다<br>泳ぐ(およ) 헤엄치다 | 書いて(か) 쓰고<br>泳いで(およ) 헤엄치고 |
| ~う, ~つ, ~る → ~って | 会う(あ) 만나다<br>待つ(ま) 기다리다<br>降る(ふ) (눈, 비) 내리다 | 会って(あ) 만나고<br>待って(ま) 기다리고<br>降って(ふ) 내리고 |
| ~ぬ, ~ぶ, ~む → ~んで | 死ぬ(し) 죽다<br>遊ぶ(あそ) 놀다<br>飲む(の) 마시다 | 死んで(し) 죽고<br>遊んで(あそ) 놀고<br>飲んで(の) 마시고 |
| ~す → ~して<br>＊예외 | 話す(はな) 이야기하다<br>行く(い) 가다 | 話して(はな) 이야기하고<br>行って(い) 가고 |

### ② 2그룹 동사의 て형

| | 기본형 | て형 |
|---|---|---|
| 어간 + て | 見る(み) 보다<br>起きる(お) 일어나다<br>食べる(た) 먹다<br>寝る(ね) 자다 | 見て(み) 보고<br>起きて(お) 일어나고<br>食べて(た) 먹고<br>寝て(ね) 자고 |

Track 15-02

③ 3그룹 동사의 て형

| 기본형 | ます형 |
|---|---|
| 来(く)る 오다 | 来(き)て 오고 |
| する 하다 | して 하고 |

少(すこ)し 休(やす)んで 仕事(しごと)を 始(はじ)めます。

家(いえ)に 帰(かえ)って メールを 読(よ)みます。

IDと パスワードを 入力(にゅうりょく)して ログインします。

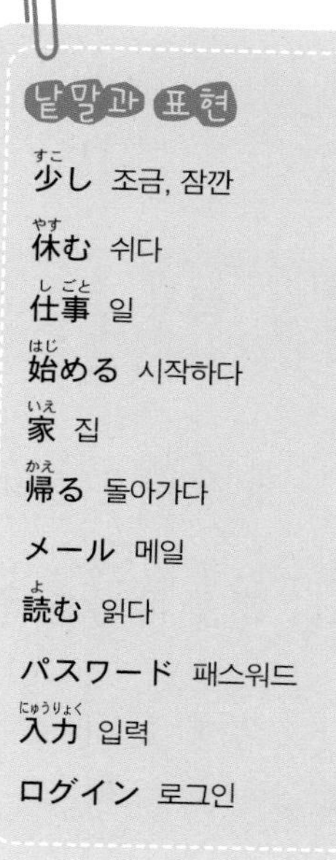

## 02 동사 てから ~고 나서

コーヒーを 飲(の)んでから 仕事(しごと)を 始(はじ)めます。

先(さき)に 宿題(しゅくだい)を してから 遊(あそ)びます。

説明(せつめい)を 聞(き)いてから 質問(しつもん)して ください。

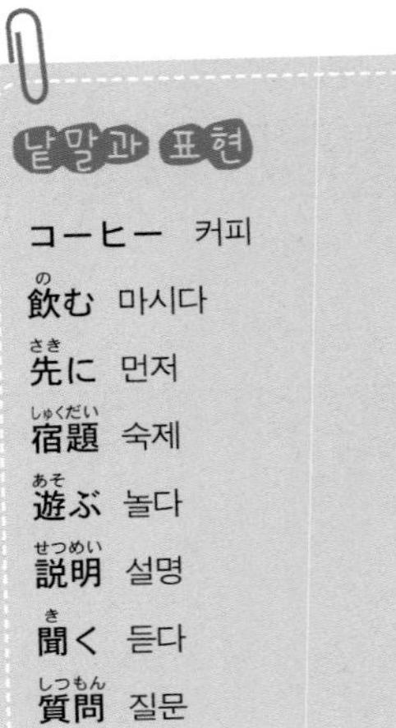
낱말과 표현

コーヒー 커피
飲(の)む 마시다
先(さき)に 먼저
宿題(しゅくだい) 숙제
遊(あそ)ぶ 놀다
説明(せつめい) 설명
聞(き)く 듣다
質問(しつもん) 질문

## 03 동사 て ください ~해 주세요

お名前(なまえ)と 住所(じゅうしょ)を 書(か)いて ください。

電話番号(でんわばんごう)を 教(おし)えて ください。

今(いま)すぐ 来(き)て ください。

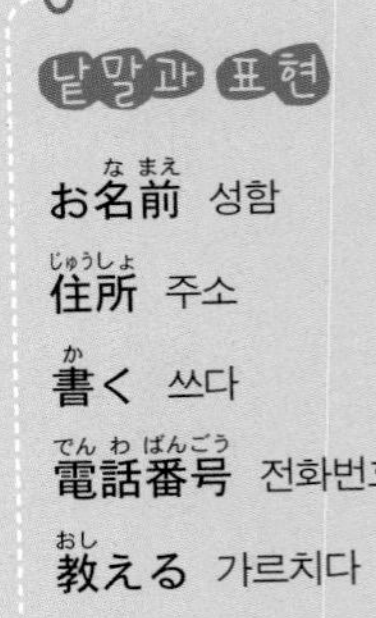
낱말과 표현

お名前(なまえ) 성함
住所(じゅうしょ) 주소
書(か)く 쓰다
電話番号(でんわばんごう) 전화번호
教(おし)える 가르치다
今(いま)すぐ 지금 당장
来(く)る 오다

Track 15-02

## 동사 ています ~고 있습니다 (동작의 진행)

レポートを 書(か)いて います。

デートを 楽(たの)しんで います。

映画(えいが)を 見(み)て います。

日本語(にほんご)の 勉強(べんきょう)を して います。

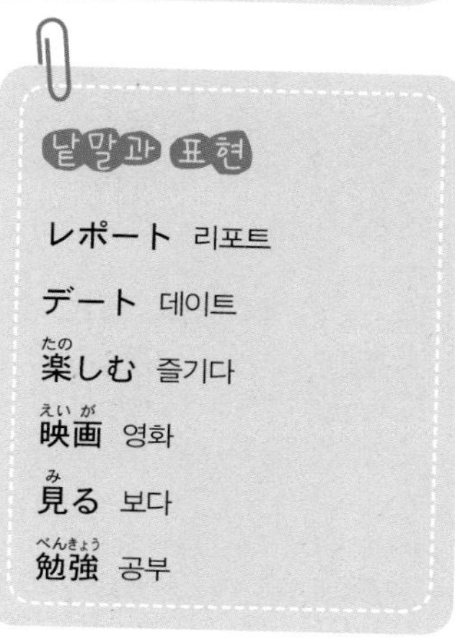

Track 15-03

## A

바스に 乗る・学校に 行く

보기 バスに 乗って 学校に 行きます。

1 友だちに 会う・話を する

2 話を よく 聞く・答える

3 朝早く 起きる・ジョギングを する

4 クリックする・ファイルを 開ける

낱말과 표현

| | | |
|---|---|---|
| バスに 乗る 버스를 타다 | 答える 대답하다 | クリックする 클릭하다 |
| 会う 만나다 | 朝早く 아침 일찍 | ファイル 파일 |
| 話を する 이야기를 하다 | 起きる 일어나다 | 開ける 열다 |
| よく 聞く 잘 듣다 | ジョギングを する 조깅을 하다 | |

Track 15-04

보기

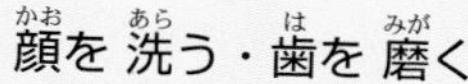


私は 顔を 洗ってから 歯を 磨きます。

→

1 シャワーを 浴びる・髪を 洗う

→

2 ご飯を 食べる・お水を 飲む

→

3 宿題を する・少し 休む

→

4 ラーメンの スープを 入れる・めんを 入れる

→

낱말과 표현

顔を 洗う 얼굴을 씻다
歯を 磨く 이를 닦다
シャワーを 浴びる 샤워하다
髪 머리
ご飯を 食べる 밥을 먹다
水を 飲む 물을 마시다
宿題 숙제
休む 쉬다
ラーメン 라면
スープ 스프
入れる 넣다
めん 면

Track 15-05

## C

보기

日本語(にほんご)で 話(はな)して ください。

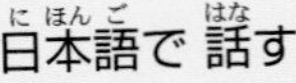

日本語(にほんご)で 話(はな)す

1 少(すこ)し 待(ま)つ

2 メールを 送(おく)る

3 こちらを 見(み)る

4 アプリを ダウンロードする

5 資料(しりょう)を コピーする

6 早(はや)く 来(く)る

### 낱말과 표현

| | | |
|---|---|---|
| 話(はな)す 이야기하다 | こちら 이쪽 | 資料(しりょう) 자료 |
| 少(すこ)し 조금 | アプリ 앱 | コピーする 복사하다 |
| 待(ま)つ 기다리다 | ダウンロードする 다운로드 하다 | 早(はや)く 빨리 |
| 送(おく)る 보내다 | | 来(く)る 오다 |

Track 15-06

**보기**

A：今(いま) 何(なに)を して いますか。

B：日本語(にほんご)の 勉強(べんきょう)を して います。

日本語(にほんご)の 勉強(べんきょう)を する

1. メールを 書(か)く

2. 料理(りょうり)を 作(つく)る

3. コーヒーを 飲(の)む

4. 日本(にほん)の ドラマを 見(み)る

5. 宿題(しゅくだい)を する

6. 部屋(へや)の 掃除(そうじ)を する

**낱말과 표현**

| | | |
|---|---|---|
| 勉強(べんきょう) 공부 | 作(つく)る 만들다 | 見(み)る 보다 |
| メール 메일 | コーヒー 커피 | 宿題(しゅくだい) 숙제 |
| 書(か)く 쓰다 | 飲(の)む 마시다 | 部屋(へや) 방 |
| 料理(りょうり) 요리 | ドラマ 드라마 | 掃除(そうじ) 청소 |

Check

어휘·문법

①~④ 중에서 가장 알맞은 것을 골라 O표 하세요.

**1** 学校に＿＿＿＿★＿＿＿＿勉強します。

① 行って　② 行いて　③ 行て　④ 行きて

**2** 音楽を＿＿＿＿★＿＿＿＿います

① 聞く　② 聞て　③ 聞いて　④ 聞って

**3** 日本語で＿＿＿＿★＿＿＿＿ください。

① 話すて　② 話さて　③ 話して　④ 話そて

Track 15-07

청취

잘 듣고 ①~④ 중에서 질문의 답으로 가장 알맞은 것을 골라 O표 하세요.

**1** 女の 人は 先に どこに 行きますか。

① 病院　② 学校　③ 図書館　④ 銀行

**2** 男の 人は まず 何を しますか。

① レポートを 書く　② コーヒーを 飲む

③ 少し 休む　④ 家に 帰る

**3** 女の 人は いつ ご飯を 食べますか。

① 仕事を してから　② コーヒーを 飲んでから

③ 新聞を 読んでから　④ レポートを 書いてから

Kanji & Katakana

한자

| かんたん | かんたん | かんたん | | |
|---|---|---|---|---|
| 簡単<br>간단 | 簡単 | 簡単 | | |
| にゅうかい | にゅうかい | にゅうかい | | |
| 入会<br>입회, 가입 | 入会 | 入会 | | |
| じゅうしょ | じゅうしょ | じゅうしょ | | |
| 住所<br>주소 | 住所 | 住所 | | |
| りょうり | りょうり | りょうり | | |
| 料理<br>요리 | 料理 | 料理 | | |
| せつめい | せつめい | せつめい | | |
| 説明<br>설명 | 説明 | 説明 | | |
| しつもん | しつもん | しつもん | | |
| 質問<br>질문 | 質問 | 質問 | | |

가타카나

| サイト<br>사이트 | サイト | |
|---|---|---|
| アプリ<br>앱 | アプリ | |
| ダウンロード<br>다운로드 | ダウンロード | |

## 상대방과 다른 순서로 말해보기

Track 15-08

**보기**

그림을 보면서 다음과 같이 이야기해 보세요.

A：私(わたし)は 歯(は)を 磨(みが)いてから 顔(かお)を 洗(あら)います。

B：そうですか。私(わたし)は 顔(かお)を 洗(あら)ってから 歯(は)を 磨(みが)きます。

歯(は)を 磨(みが)く 이를 닦다

顔(かお)を 洗(あら)う 얼굴을 씻다

コーヒーを 飲(の)む 커피를 마시다

仕事(しごと)を 始(はじ)める 일을 시작하다

## 톡톡 어휘

運動(うんどう)する　운동하다

シャワーを 浴(あ)びる　샤워하다

宿題(しゅくだい)を する　숙제하다

友(とも)だちと 遊(あそ)ぶ　친구와 놀다

ご飯(はん)を 食(た)べる　밥을 먹다

お茶(ちゃ)を 飲(の)む　차를 마시다

テレビを 見(み)る　텔레비전을 보다

掃除(そうじ)を する　청소를 하다

# 부록

톡톡 회화 해석
톡톡 패턴 정답
톡톡 체크 정답 및 청취 스크립트
톡톡 문법 색인(오십음도 순)

# 부록 톡톡 회화 해석

## unit 03 はじめまして。 처음 뵙겠습니다._47쪽

준수 : 나카무라 씨, 이쪽은 신입생인 왕 씨입니다.
아려 : 처음 뵙겠습니다. 왕 아려입니다.
잘 부탁드립니다.
미카 : 처음 뵙겠습니다. 나카무라 미카입니다.
저(이쪽이)야말로 잘 부탁합니다.
왕 씨는 중국인입니까?
아려 : 네, 그렇습니다.
저, 실례합니다만, 나카무라 씨는 이 선배의 애인입니까?
미카 : 네? 아니요, 애인이 아닙니다. 친구입니다.

## unit 04 この スマートフォンは だれのですか。 이 스마트폰은 누구의 것입니까? _59쪽

준수 : 이것은 누구의 휴대전화입니까?
미카 : 그것은 제 것입니다.
준수 : 최신형 스마트폰이군요. 이것은 무슨 앱입니까?
미카 : 쇼핑 앱입니다.
준수 : 나카무라 씨의 전화번호는 몇 번입니까?
미카 : 010-5423-9867입니다.
이 씨의 전화번호는요?
준수 : 010-9724-3568입니다.

## unit 05 今(いま) 何時(なんじ)ですか。 지금 몇 시입니까? _71쪽

미카 : 뮤지컬은 몇 시부터입니까?
준수 : 오후 7시부터입니다.
미카 : 지금 몇 시입니까?
준수 : 6시 정각입니다.
미카 : 그럼, 6시 30분까지 커피라도 어때요?
준수 : 좋네요.

## unit 06 お誕生日(たんじょうび)は いつですか。 생일은 언제입니까? _83쪽

아려 : 실례합니다만, 나카무라 씨는 이 선배와 동갑입니까?
미카 : 아니요, 저는 1988년생. 그보다 한 살 위입니다.
아려 : 연상의 친구입니까?
미카 : 그렇습니다. 하지만 생일은 같은 날이에요.
아려 : 네? 거짓말! 정말입니까?
미카 : 정말입니다.
4월 20일, 이번 주 토요일이 저와 준수 씨의 생일입니다.
아려 : 생일 축하드립니다.
이 선배와 같은 생일입니까? 좋겠다.

## unit 07 本当(ほんとう)に かっこいいですね。 정말 멋있네요. _97쪽

아려 : 이 선배, 정말 멋있네요.
자상하고 머리도 좋고…….
미카 : 재미있고 키도 키고.
아려 : 정말 제 타입이에요.
그런 이 선배의 이상형은?
미카 : 어쩌면 제가 이상형?
아려 : 네? 미카 씨와 이 선배는 친구 아니에요?
미카 : 농담, 농담. 왕 씨, 파이팅!

## unit 08 どんな 人(ひと)が 好(す)きですか。 어떤 사람을 좋아하세요? _111쪽

아려 : 선배, 선배는 어떤 음악을 좋아합니까?
준수 : 조용한 음악을 좋아해.
클래식이라든가 발라드라든가.
아려 : 그렇습니까? 그럼, 여자는 어떤 사람을 좋아합니까?
준수 : 건강하고 성실하고…….
아려 : 얼굴이나 스타일은 어떻습니까?

준수 : 음… 글쎄… 긍정적이고 밝은 사람을 좋아해.
아려 : 선배는 이상형도 멋지네요!

### unit 09 世界で 一番 すてきな 人です。 세상에서 제일 멋진 사람이에요. _125쪽

미카 : 준수 씨는 조용한 사람과 활발한 사람 중에 어느 쪽이 좋아요?
준수 : 나는 밝고 활발한 사람이 좋아요. 나카무라 씨는?
미카 : 저도 밝은 사람이 좋아요. 하지만, 연인은 조용한 사람이 좋을 것 같아요.
준수 : 하하, 재미있네요.
나카무라 씨는 한국 드라마 마니아잖아요. 한국 배우 중에서는 누구를 제일 좋아해요?
미카 : 아~ 어려운 질문이네요. 한국에는 멋진 배우들이 많으니까요.
그래도 왕 씨에게는 준수 씨가 세상에서 제일 멋진 선배일 거예요.

### unit 10 この ブラウスは いくらですか。 이 블라우스는 얼마예요? _137쪽

미카 : 와~, 여기가 유명한 동대문 시장이군요.
싸고 귀여운 물건이 가득.
점원 : 어서 오십시오.
미카 : 이 블라우스는 얼마입니까?
점원 : 3만 원입니다. 이 스커트도 어떻습니까?
블라우스가 3만 원이고, 스커트는 2만 8천 원입니다.
세트로는 5만 5천 원입니다.
미카 : 그럼, 세트로 부탁합니다.
그리고 이 스카프도 한 장 주세요. 전부 해서 얼마입니까?
점원 : 전부 해서 7만 원입니다. 감사합니다.

## unit 11 親(した)しい 友(とも)だちが いますか。 친한 친구가 있습니까? _151쪽

미카 : 아려 씨, 휴대전화의 이 사람은 누구입니까?

아려 : 아, 이 사진이요? 중국의 소꿉친구이고, 제 절친입니다.

미카 : 멋진 친구네요. 한국에도 친한 친구가 있습니까?

아려 : 아니요, 아직 친한 친구는 없습니다. 쓸쓸해서 가끔 준수 선배의 휴대전화가 부러워요.

미카 : 휴대폰이 부럽다고요?

아려 : 언제나 이 선배 곁에 있잖아요.

미카 : 하하하. 아려 씨, 정말 귀엽네요.

## unit 12 毎日(まいにち) 図書館(としょかん)で 勉強(べんきょう)を しますか。 매일 도서관에서 공부를 합니까? 163쪽

아려 : 선배님, 선배님은 항상 수업 후에 어디에 갑니까?

준수 : 보통 도서관에 가.

아려 : 매일 도서관에서 무엇을 합니까?

준수 : 응. 시험 공부나 리포트, 인터넷 검색 등.
도서관은 쾌적해서 여러 가지로 편리해.

아려 : 그렇습니까? 그럼, 저도 오늘부터 도서관에 갈게요.

준수 : 그래? 그럼 내가 안내할게.

아려 : 정말이요? 감사합니다.

## unit 13 コンサートに 行(い)きませんか。 콘서트에 가지 않겠습니까? _179쪽

주원 : 나카무라 씨, 이번 주 토요일 콘서트에 가지 않겠습니까?

미카 : 무슨 콘서트인데요?

주원 : 록 콘서트입니다. 한국의 전설적인 가수들이 많이 나와요.

미카 : 하지만 티켓이 비싸지 않나요?

주원 : 하하하. 실은 초대 이벤트에 당첨되었어요. 티켓은 공짜입니다.

미카 : 굉장해요!! 그럼 콘서트 후 멋진 레스토랑에서 식사라도 해요.
저녁식사는 제가 쏠게요.

주원 : 그럼, 토요일 오후 나카무라 씨 집으로 마중 나갈까요?

미카 : 그건 좀. 콘서트장 앞에서 만나요.

## unit 14 どんな人(ひと)になりたいですか。 어떤 사람이 되고 싶습니까? _191쪽

아려 : 선배님은 앞으로 어디에 취직하고 싶습니까?

준수 : 취직도 중요하지만, 자신의 꿈이나 목표가 더 중요하지 않을까?

아려 : 역시 준수 선배!! 선배님의 꿈은 무엇입니까?

준수 : 나는 모두에게 도움이 되는 훌륭한 사회인이 되고 싶어.

아려 : 멋있어요.

준수 : 아려는 어떤 사람이 되고 싶니?

아려 : 저는 그 훌륭한 사회인들을 위한 회사의 CEO가 되고 싶어요.

## unit 15 ちょっと助(たす)けてください。 좀 도와주세요. _203쪽

아려 : 선배님 좀 도와주세요.

준수 : 무슨 일이니?

아려 : AI를 사용해서 PPT를 작성하고 있는데 잘 안 되네요. 이건데요.

준수 : 아, 이거 간단해, 우선 회원등록하고, 파일을 여기에 첨부해서 원하는 PPT 스타일을 선택해서…….

아려 : 그래도 왠지 어려워요.

준수 : 괜찮아. 내가 가르쳐 줄게.

아려 : 감사합니다. 선배 덕분에 살았어요!

# 부록 톡톡 패턴 정답

## unit03 톡톡 패턴 A_본 책 51쪽

1 はじめまして。私(わたし)は 山田(やまだ)です。
医者(いしゃ)です。どうぞ よろしく お願(ねが)いします。

2 はじめまして。私(わたし)は 吉本(よしもと)です。
小説家(しょうせつか)です。どうぞ よろしく お願(ねが)いします。

3 はじめまして。私(わたし)は 木村(きむら)です。
歌手(かしゅ)です。どうぞ よろしく お願(ねが)いします。

4 はじめまして。私(わたし)は 鈴木(すずき)です。
美容師(びようし)です。どうぞ よろしく お願(ねが)いします。

5 はじめまして。私(わたし)は 佐藤(さとう)です。
銀行員(ぎんこういん)です。どうぞ よろしく お願(ねが)いします。

6 はじめまして。私(わたし)は ジャン・ミンミンです。
留学生(りゅうがくせい)です。どうぞ よろしく お願(ねが)いします。

## unit03 톡톡 패턴 B_본 책 52쪽

1 B: はい、そうです。

2 B: いいえ、中国人(ちゅうごくじん)では ありません。
(＝中国人(ちゅうごくじん)じゃ ありません。)

3 B: はい、そうです。

4 B: いいえ、イタリア人(じん)では ありません。
(＝イタリア人(じん)じゃ ありません。)

## unit03 톡톡 패턴 C_본 책 53쪽

1 B: はい、彼(かれ)は 医者(いしゃ)です。

2 B: はい、彼女(かのじょ)は 歌手(かしゅ)です。

3 B: いいえ、キムさんは 運転手(うんてんしゅ)では ありません。
(＝運転手(うんてんしゅ)じゃ ありません。)

4 B: いいえ、中村(なかむら)さんは モデルでは ありません。
(＝モデルじゃ ありません。)

## unit04 톡톡 패턴 A_본 책 62쪽

1 B: それは 本(ほん)です。

2 B: それは かさです。

3 B: これは 新聞(しんぶん)です。

4 B: これは めがねです。

## unit04 톡톡 패턴 B_본 책 63쪽

1 B: それは 先生(せんせい)のです。

2 B: それは 中村(なかむら)さんのです。

3 B: これは イ・ジュンスさんのです。

4 B: これは マ・ユナさんのです。

# 부록 톡톡 패턴 정답

## unit04 톡톡 패턴 C_본책 64쪽

1 B: ファッションの 雑誌(ざっし)です。

2 B: 日本語(にほんご)の 本(ほん)です。

3 B: 旅行(りょこう)の サイトです。

4 B: 英語(えいご)の 授業(じゅぎょう)です。

## unit04 톡톡 패턴 D_본책 65쪽

1 B: 02-384-1620(ぜろに の さんはちよん の いちろくにぜろ)です。

2 B: 032-798-7042(ぜろさんに の ななきゅうはち の ななぜろよんに)です。

3 B: 02-3290-3698(ぜろに の さんにきゅうぜろ の さんろくきゅうはち)です。

4 B: 02-537-1684(ぜろに の ごさんなな の いちろくはちよん)です。

## unit05 톡톡 패턴 A_본책 75쪽

1 B: 2時(にじ) １０分(じゅっぷん)です。

2 B: 4時(よじ) ２０分(にじゅっぷん)です。

3 B: 7時(しちじ) ３５分(さんじゅうごふん)です。

4 B: 9時(くじ) ４８分(よんじゅうはっぷん)です。

5 B: １０時(じゅうじ) ５０分(ごじゅっぷん)です。

6 B: １２時(じゅうにじ) ３０分(さんじゅっぷん)です。

## unit05 톡톡 패턴 B_본책 76쪽

1 B: 午前(ごぜん)9時(くじ)から 午後(ごご)6時(ろくじ)までです。

2 B: 午前(ごぜん)9時(くじ) ３０分(さんじゅっぷん)から 午後(ごご)8時(はちじ)までです。

3 B: 午前(ごぜん)１１時(じゅういちじ)から 午後(ごご)１０時(じゅうじ)３０分(さんじゅっぷん)までです。

4 B: 午前(ごぜん)9時(くじ)から 9時(くじ)５０分(ごじゅっぷん)までです。

## unit05 톡톡 패턴 C_본책 77쪽

1 A: お茶(ちゃ)でも どうですか。

2 A: 食事(しょくじ)でも どうですか。

3 A: ドライブでも どうですか。

4 A: ビールでも どうですか。

5 A: 映画(えいが)でも どうですか。

6 A: 散歩(さんぽ)でも どうですか。

## unit06 톡톡 패턴 A_본책 89쪽

1 A: ワン・アリョさんの お誕生日(たんじょうび)は いつですか。
B: ６月(ろくがつ) ８日(ようか)です。

2 A: 鈴木(すずき)さんの お誕生日(たんじょうび)は いつですか。
B: ７月(しちがつ) ３１日(さんじゅういちにち)です。

3 A: 遠藤(えんどう)さんの お誕生日(たんじょうび)は いつですか。
B: １１月(じゅういちがつ) １日(ついたち)です。

4 A: 橋本(はしもと)さんの お誕生日(たんじょうび)は いつですか。
B: ９月(くがつ) ５日(いつか)です。

5 A: 田中(たなか)さんの お誕生日(たんじょうび)は いつですか。
B: ３月１４日(さんがつじゅうよっか)です。

6 A: キム・ジュウォンさんの お誕生日(たんじょうび)は いつですか。
B: １２月(じゅうにがつ) １０日(とおか)です。

## unit06 톡톡 패턴 B_본 책 90쪽

1 B: ３月(さんがつ) ２日(ふつか) 水曜日(すいようび)です。

2 B: ４月(しがつ) ７日(なのか) 木曜日(もくようび)です。

3 B: ５月(ごがつ) ９日(ここのか) 月曜日(げつようび)です。

4 B: ６月(ろくがつ) ２４日(にじゅうよっか) 金曜日(きんようび)です。

5 B: ８月(はちがつ) ６日(むいか) 土曜日(どようび)です。

6 B: １０月(じゅうがつ) ４日(よっか) 火曜日(かようび)です。

## unit06 톡톡 패턴 C_본 책 91쪽

1 A: テストは いつから いつまでですか。
B: テストは ４月(しがつ) １９日(じゅうくにち)から ４月 ２３日(にじゅうさんにち)までです。

2 A: 雪祭(ゆきまつ)りは いつから いつまでですか。
B: 雪祭(ゆきまつ)りは ２月(にがつ) ７日(なのか)から ２月(にがつ) １３日(じゅうさんにち)までです。

3 A: コンサートは いつから いつまでですか。
B: コンサートは ３月(さんがつ) ２０日(はつか)から ４月(しがつ) １０日(とおか)までです。

4 A: ミュージカル公演(こうえん)は いつから いつまでですか。
B: ミュージカル公演(こうえん)は ２月(にがつ) １４日(じゅうよっか)から ５月(ごがつ) ２９日(にじゅうくにち)までです。

5 A: 夏休(なつやす)みは いつから いつまでですか。
B: 夏休(なつやす)みは ７月(しちがつ) １０日(とおか)から ８月(はちがつ) ３０日(さんじゅうにち)までです。

6 A: 冬休(ふゆやす)みは いつから いつまでですか。
B: 冬休(ふゆやす)みは １２月(じゅうにがつ) １０日(とおか)から ２月(にがつ) ２８日(にじゅうはちにち)までです。

## unit07 톡톡 패턴 A_본 책 103쪽

1 A: 教室(きょうしつ)は 広(ひろ)いですか。
B: いいえ、広(ひろ)く ないです。
(=広(ひろ)く ありません。)

2 A: 今日(きょう)は 寒(さむ)いですか。
B: いいえ、寒(さむ)く ないです。
(=寒(さむ)く ありません。)

3 A: 日本語(にほんご)は 難(むずか)しいですか。
B: いいえ、難(むずか)しく ないです。
(=難(むずか)しく ありません。)

4 A: 漢字(かんじ)は 易(やさ)しいですか。
B: いいえ、易(やさ)しく ないです。
(=易(やさ)しく ありません。)

5 A: スカートは 長(なが)いですか。
B: いいえ、長(なが)く ないです。
(=長(なが)く ありません。)

6 A: 駅(えき)は 近(ちか)いですか。

B: いいえ、近く ないです。

(＝近く ありません。)

### unit07 톡톡 패턴 B_본책 104쪽

1 A: この 冬は とても 寒いですね。

B: そうですね。寒い 冬ですね。

2 A: この キムチは とても 辛いですね。

B: そうですね。辛い キムチですね。

3 A: あの 会社は とても 大きいですね。

B: そうですね。大きい 会社ですね。

4 A: この 車は とても 新しいですね。

B: そうですね。新しい 車ですね。

### unit07 톡톡 패턴 C_본책 105쪽

1 A: どんな かばんですか。

B: 大きくて 高い かばんです。

2 A: どんな キムチですか。

B: 辛くて おいしい キムチです。

3 A: どんな スマートフォンですか。

B: 新しくて 安い スマートフォンです。

4 A: どんな 部屋ですか。

B: 明るくて 広い 部屋です。

### unit08 톡톡 패턴 A_본책 117쪽

1 A: 街は 静かですか。

B: いいえ、静かじゃ ないです。

(＝静かじゃ ありません。)

2 A: ワンさんは スリムですか。

B: いいえ、スリムじゃ ないです。

(＝スリムじゃ ありません。)

3 A: 問題は 簡単ですか。

B: いいえ、簡単じゃ ないです。

(＝簡単じゃ ありません。)

4 A: 学生は 真面目ですか。

B: いいえ、真面目じゃ ないです。

(＝真面目じゃ ありません。)

5 A: 子供は 元気ですか。

B: いいえ、元気じゃ ないです。

(＝元気じゃ ありません。)

6 A: 店員は 親切ですか。

B: いいえ、親切じゃ ないです。

(＝親切じゃ ありません。)

### unit08 톡톡 패턴 B_본책 118쪽

1 A: あの 先輩は ハンサムですね。

B: そうですね。ハンサムな 先輩ですね。

2 A: あの 人は 真面目ですね。

B: そうですね。真面目な 人ですね。

3 A: この 人は クールですね。

B: そうですね。クールな 人ですね。

4 A: あの 歌手は 有名ですね。

B: そうですね。有名な 歌手ですね。

### unit08 톡톡 패턴 C_본책 119쪽

1 A: どんな レストランですか。

B: きれいで 親切な レストランです。

2 A: どんな 子供ですか。

B: 元気で 丈夫な 子供です。

3 A: どんな スマートフォンですか。

B: 簡単で 便利な スマートフォンです。

4 A: どんな 車ですか。

B: 楽で 静かな 車です。

### unit09 톡톡 패턴 A_본책 129쪽

1 A: 東京と 京都と どちらが 好きですか。

B: 예 東京の 方が 好きです。

예 京都の 方が 好きです。

2 A: ヨガと ジョギングと どちらが 好きですか。

B: 예 ヨガの 方が 好きです。

예 ジョギングの 方が 好きです。

3 A: 犬と 猫と どちらが 好きですか。

B: 예 犬の 方が 好きです。

예 猫の 方が 好きです。

4 A: 山と 海と どちらが 好きですか。

B: 예 山の 方が 好きです。

예 海の 方が 好きです。

5 A: 白と 黒と どちらが 好きですか。

B: 예 白の 方が 好きです。

예 黒の 方が 好きです。

6 A: アメリカーノと キャラメル マキアートと どちらが 好きですか。

B: 예 アメリカーノの 方が 好きです。

예 キャラメル マキアートの 方が 好きです。

### unit09 톡톡 패턴 B_본책 130쪽

1 A: バナナと パイナップルと オレンジの 中で どれが 一番 好きですか。

B: 예 バナナが 一番 好きです。

예 パイナップルが 一番 好きです。

예 オレンジが 一番 好きです。

2 A: 焼酎と ワインと ビールの 中で どれが 一番 好きですか。

B: 예 焼酎が 一番 好きです。

예 ワインが 一番 好きです。

예 ビールが 一番 好きです。

3 A: サッカーと 野球と 水泳の 中で どれが 一番 好きですか。

B: 예 サッカーが 一番 好きです。

예 野球が 一番 好きです。

예 水泳が 一番 好きです。

4 A: ネックレスと イヤリングと 指輪の 中で どれが 一番 好きですか。

B: 예 ネックレスが 一番 好きです。

예 イヤリングが 一番 好きです。

예 指輪が 一番 好きです。

## unit09 톡톡 패턴 C_본책 131쪽

1 A: 動物の 中で 何が 一番 好きですか。

B: 예 象が 一番 好きです。

예 鹿が 一番 好きです。

예 パンダが 一番 好きです。

2 A: 飲み物の 中で 何が 一番 好きですか。

B: 예 コーヒーが 一番 好きです。

예 コーラが 一番 好きです。

예 ジュースが 一番 好きです。

3 A: 料理の 中で 何が 一番 好きですか。

B: 예 エビフライが 一番 好きです。

예 すしが 一番 好きです。

예 ラーメンが 一番 好きです。

4 A: スポーツの 中で 何が 一番 好きですか。

B: 예 野球が 一番 好きです。

예 バスケットボールが 一番 好きです。

예 サッカーが 一番 好きです。

## unit10 톡톡 패턴 A_본책 143쪽

1 A: ネックレスは いくらですか。

B: ネックレスは 7万2千ウォンです。

2 A: ワンピースは いくらですか。

B: ワンピースは 8万9千ウォンです。

3 A: サングラスは いくらですか。

B: サングラスは 12万7千ウォンです。

4 A: ジャケットは いくらですか。

B: ジャケットは 14万5千ウォンです。

5 A: ブーツは いくらですか。

B: ブーツは 9万8千ウォンです。

6 A: 腕時計は いくらですか。

B: 腕時計は 24万3千ウォンです。

## unit10 톡톡 패턴 B_본책 144쪽

1 A: ジュースは いくらですか。

B: オレンジジュースは 2,000ウォンで、いちごジュースは 3,000ウォンです。

2 A: ケーキは いくらですか。

B: チーズケーキは 4,300ウォンで、チョコレートケーキは 3,800ウォンです。

3 A: アクセサリーは いくらですか。

B: ネックレスは 98,000ウォンで、

イヤリングは 78,000ウォンです。

4 A: ハンバーガーは いくらですか。

B: チーズバーガーは 2,500ウォンで、

てりやきバーガーは 4,000ウォンです。

## unit10 톡톡 패턴 C_본 책 145쪽

1 A: ハンバーガーと コーラ ください。

全部(ぜんぶ)で いくらですか。

B: ハンバーガーは 3,000ウォンで、

コーラは 1,500ウォンです。

全部(ぜんぶ)で 4,500ウォンです。

2 A: ワンピースと スカーフ ください。

全部(ぜんぶ)で いくらですか。

B: ワンピースは 60,000ウォンで、

スカーフは 29,000ウォンです。

全部(ぜんぶ)で 89,000ウォンです。

3 A: ネックレスと イヤリング ください。

全部(ぜんぶ)で いくらですか。

B: ネックレスは 98,000ウォンで、

イヤリングは 78,000ウォンです。

全部(ぜんぶ)で 176,000ウォンです。

4 A: パスタと ジュース ください。

全部(ぜんぶ)で いくらですか。

B: パスタは 9,800ウォンで、

ジュースは 3,500ウォンです。

全部(ぜんぶ)で 13,300ウォンです。

## unit11 톡톡 패턴 A_본 책 155쪽

1 B: いすは 机(つくえ)の 前(まえ)に あります。

2 B: ファックスは 机(つくえ)の 横(よこ)に あります。

3 B: コピー機(き)は ファックスの 後(うし)ろに あります。

4 B: プリンターは パソコンの 右(みぎ)に あります。

## unit11 톡톡 패턴 B_본 책 156쪽

1 B: 銀行(ぎんこう)は 郵便局(ゆうびんきょく)の 隣(となり)に あります。

2 B: 薬局(やっきょく)は 病院(びょういん)の 後(うし)ろに あります。

3 B: デパートは 病院(びょういん)の 向(む)かいに あります。

4 B: コンビニは 銀行(ぎんこう)の 近(ちか)くに あります。

## unit11 톡톡 패턴 C_본 책 157쪽

1 B: 中村(なかむら)さんは イさんの そばに います。

2 B: アリョさんは 中村(なかむら)さんの 前(まえ)に います。

3 B: 犬(いぬ)は アリョさんの 横(よこ)に います。

4 B: 猫(ねこ)は ソファーの 上(うえ)に います。

# 부록 톡톡 패턴 정답

## unit12 톡톡 패턴 A_본 책 171쪽

1 A: タバコを 吸(す)いますか。
B: はい、吸(す)います。
いいえ、吸(す)いません。

2 A: 手紙(てがみ)を 書(か)きますか。
B: はい、書(か)きます。
いいえ、書(か)きません。

3 A: 海(うみ)で 泳(およ)ぎますか。
B: はい、泳(およ)ぎます。
いいえ、泳(およ)ぎません。

4 A: 薬(くすり)を 飲(の)みますか。
B: はい、飲(の)みます。
いいえ、飲(の)みません。

5 A: ニュースを 見(み)ますか。
B: はい、見(み)ます。
いいえ、見(み)ません。

6 A: 毎日(まいにち) 散歩(さんぽ)しますか。
B: はい、散歩(さんぽ)します。
いいえ、散歩(さんぽ)しません。

## unit12 톡톡 패턴 B_본 책 172쪽

1 A: 友(とも)だちに 会(あ)いましたか。
B: はい、会(あ)いました。
いいえ、会(あ)いませんでした。

2 A: 料理(りょうり)を 作(つく)りましたか。
B: はい、作(つく)りました。
いいえ、作(つく)りませんでした。

3 A: お風呂(ふろ)に 入(はい)りましたか。
B: はい、入(はい)りました。
いいえ、入(はい)りませんでした。

4 A: 試験(しけん)を 受(う)けましたか。
B: はい、受(う)けました。
いいえ、受(う)けませんでした。

5 A: アルバイトを しましたか。
B: はい、しました。
いいえ、しませんでした。

6 A: 日本語(にほんご)の 勉強(べんきょう)を しましたか。
B: はい、勉強(べんきょう)しました。
いいえ、勉強(べんきょう)しませんでした。

## unit12 톡톡 패턴 C_본 책 173쪽

1 A: 何(なに)を 買(か)いましたか。
B: 本(ほん)を 買(か)いました。

2 A: どこに 行(い)きましたか。
B: トイレに 行(い)きました。

3 A: 何時(なんじ)に 帰(かえ)りましたか。
B: 9時(じ)に 帰(かえ)りました。

4 A: 何(なに)を 見(み)ましたか。
B: 映画(えいが)を 見(み)ました。

5 A: だれに 会(あ)いましたか。
B: 恋人(こいびと)に 会(あ)いました。

6 A: どこで 会(あ)いましたか。
B: 会社(かいしゃ)の 前(まえ)で 会(あ)いました。

## unit13 톡톡 패턴 A_본책 183쪽

1 B: 花屋に 花を 買いに 行きます。

2 B: 学校に 講義を 聞きに 行きます。

3 B: 居酒屋に お酒を 飲みに 行きます。

4 B: 野球場に 野球を 見に 行きます。

5 B: カフェに コーヒーを 飲みに 行きます。

6 B: 公園に 散歩しに 行きます。

## unit13 톡톡 패턴 B_본책 184쪽

1 A: 今週の 土曜日 旅行に 行きませんか。

2 A: 今週の 土曜日 ゴルフに 行きませんか。

3 A: 今週の 土曜日 山登りに 行きませんか。

4 A: 今週の 土曜日 ハイキングに 行きませんか。

5 A: 今週の 土曜日 スキーに 行きませんか。

6 A: 今週の 土曜日 ドライブに 行きませんか。

## unit13 톡톡 패턴 C_본책 185쪽

1 A: 明日 いっしょに 映画館に 映画を 見に 行きましょうか。

2 A: 明日 いっしょに レストランに 食事を しに 行きましょうか。

3 A: 明日 いっしょに 美術館に 展覧会を 見に 行きましょうか。

4 A: 明日 いっしょに デパートに ショッピングをしに 行きましょうか。

5 A: 明日 いっしょに 遊園地に 遊びに 行きましょうか。

6 A: 明日 いっしょに ホンデの クラブに 踊りに 行きましょうか。

## unit14 톡톡 패턴 A_본책 195쪽

1 A: 車を 買いたいですか。
B: はい、買いたいです。
いいえ、買いたくないです。

2 A: 日本語で 話したいですか。
B: はい、話したいです。
いいえ、話したくないです。

3 A: 友だちと 遊びたいですか。
B: はい、遊びたいです。
いいえ、遊びたくないです。

4 A: お酒を 飲みたいですか。
B: はい、飲みたいです。
いいえ、飲みたくないです。

5 A: 朝早く 起きたいですか。
B: はい、起きたいです。
いいえ、起きたくないです。

6 A: 図書館で 勉強したいですか。
B: はい、勉強したいです。
いいえ、勉強したくないです。

# 부록 톡톡 패턴 정답

### unit14 톡톡 패턴 B_본 책 196쪽

1 B: 歌手に なりたいです。

2 B: 作家に なりたいです。

3 B: 記者に なりたいです。

4 B: 銀行員に なりたいです。

5 B: プログラマーに なりたいです。

6 B: デザイナーに なりたいです。

### unit14 톡톡 패턴 C_본 책 197쪽

1 B: 靴が 一番 ほしいです。

2 B: スーツが 一番 ほしいです。

3 B: 電子辞書が 一番 ほしいです。

4 B: 自転車が 一番 ほしいです。

5 B: 車が 一番 ほしいです。

6 B: かばんが 一番 ほしいです。

### unit15 톡톡 패턴 A_본 책 208쪽

1 友だちに 会って 話を します。

2 話を よく 聞いて 答えます。

3 朝早く 起きて ジョギングを します。

4 クリックして ファイルを 開けます。

### unit15 톡톡 패턴 B_본 책 209쪽

1 シャワーを 浴びてから 髪を 洗います。

2 ご飯を 食べてから お水を 飲みます。

3 宿題を してから 少し 休みます。

4 ラーメンの スープを 入れてから めんを 入れます。

### unit15 톡톡 패턴 C_본 책 210쪽

1 少し 待って ください。

2 メールを 送って ください。

3 こちらを 見て ください。

4 アプリを ダウンロードして ください。

5 資料を コピーして ください。

6 早く 来て ください。

### unit15 톡톡 패턴 D_본 책 211쪽

1 B: メールを 書いて います。

2 B: 料理を 作って います。

3 B: 新聞を 読んで います。

4 B: 日本の ドラマを 見て います。

5 B: 宿題を して います。

6 B: 部屋の 掃除を して います。

# 부록 톡톡 체크 정답 및 청취 스크립트

## unit 01 히라가나(ひらがな)와 발음 익히기

정답_본 책 31쪽

1 ③ 2 ③ 3 ④ 4 ④ 5 ③

청취 스크립트

1 ねこ 고양이

2 かぎ 열쇠

3 ちゅうもん 주문

4 けっせき 결석

5 おおきい 크다

## unit 02 가타카나(カタカナ)와 발음 익히기

정답_본 책 44쪽

1 ② 2 ④ 3 ② 4 ① 5 ②

청취 스크립트

1 ソウル 서울

2 スキー 스키

3 メッセージ 메시지

4 ショップ 가게(숍)

5 スマートフォン 스마트폰

## unit 03 はじめまして。 처음 뵙겠습니다.

정답_본 책 54쪽

어휘 · 문법 1 ④ 2 ③ 3 ②

청취 1 ③ 2 ② 3 ④

청취 스크립트

1 はじめまして。私(わたし)は イ・ジュンスです。学生(がくせい)です。どうぞ よろしく お願(ねが)いします。

2 はじめまして。私(わたし)は ワン・アリョです。中国人(ちゅうごくじん)です。私(わたし)は 新入生(しんにゅうせい)です。どうぞ よろしく お願(ねが)いします。

3 はじめまして。私(わたし)は 中村美香(なかむらみか)です。会社員(かいしゃいん)です。どうぞ よろしく お願(ねが)いします。

1 처음 뵙겠습니다. 저는 이준수입니다. 학생입니다. 잘 부탁합니다.

2 처음 뵙겠습니다. 저는 왕아려입니다. 중국인입니다. 저는 신입생입니다. 잘 부탁합니다.

3 처음 뵙겠습니다. 저는 나카무라 미카입니다. 회사원입니다. 잘 부탁합니다.

## unit 04 この スマートフォンは だれのですか。 이 스마트폰은 누구의 것입니까?

정답_본 책 66쪽

어휘 · 문법 1 ① 2 ② 3 ③

청취 1 ③ 2 ② 3 ②

청취 스크립트

**1** A:この スマートフォンは 中村(なかむら)さんのですか。
B:いいえ、私(わたし)のじゃ ありません。
A:だれの ですか。
B:ワンさんの です。

**2** A:あの 本(ほん)は だれのですか。
B:先生(せんせい)のじゃ ありませんか。
A:いいえ、先生(せんせい)の 本(ほん)は これです。
B:あ~、あれは 山田(やまだ)さんの 本(ほん)です。

**3** A:その ノートパソコンは イさんのですか。
B:いいえ、僕(ぼく)のじゃ ありません。中村(なかむら)さんのです。

**1** A : 이 스마트폰은 나카무라 씨의 것입니까?
B : 아니요, 제 것이 아닙니다.
A : 누구의 것입니까?
B : 왕 씨의 것입니다.

**2** A : 저 책은 누구의 것입니까?
B : 선생님의 것이 아닙니까?
A : 아니요, 선생님의 책은 이것입니다.
B : 아~, 저것은 야마다 씨의 책입니다.

**3** A : 그 노트북은 이 씨의 것입니까?
B : 아니요, 제 것이 아닙니다. 나카무라 씨의 것입니다.

## unit 05 今 何時ですか。
지금 몇 시입니까?

정답 _본 책 78쪽

어휘 · 문법 **1** ① **2** ④ **3** ②

청취 **1** ① **2** ② **3** ②

청취 스크립트

**1** A:すみません。授業(じゅぎょう)は 何時(なんじ)から 何時(なんじ)までですか。
B:授業(じゅぎょう)は 8時(はちじ)から 11時半(じゅういちじはん)までです。

**2** A:すみません。ミュージカルは 何時(なんじ)から 何時(なんじ)までですか。
B:ミュージカルは 午後(ごご)5時(ごじ)から 7時(しちじ)までです。

**3** A:すみません。デパートは 何時(なんじ)から 何時(なんじ)までですか。
B:デパートは 午前(ごぜん)10時半(じゅうじはん)から 午後(ごご)8時半(はちじはん)までです。

**1** A : 실례합니다. 수업은 몇 시부터 몇 시까지입니까?
B : 수업은 8시부터 11시 반까지입니다.

**2** A : 실례합니다.
뮤지컬은 몇 시부터 몇 시까지입니까?
B : 뮤지컬은 오후 5시부터 7시까지입니다.

**3** A : 실례합니다.
백화점은 몇 시부터 몇 시까지입니까?
B : 백화점은 오전 10시 반부터 오후 8시 반까지입니다.

## unit 06 お誕生日は いつですか。
생일은 언제입니까?

정답 _본 책 92쪽

어휘 · 문법 **1** ② **2** ③ **3** ①

청취 **1** ③ **2** ④ **3** ④

청취 스크립트

**1** A:木村(きむら)さんの 誕生日(たんじょうび)は いつですか。
B:11月(じゅういちがつ) 13日(じゅうさんにち)です。キムさんは いつですか。

A:私(わたし)の 誕生日(たんじょうび)は 10月(じゅうがつ) 31日(さんじゅういちにち)です。

2 A:松本(まつもと)さんの 誕生日(たんじょうび)は いつですか。
B:8月(はちがつ) 8日(ようか)です。
A:8月 4日(よっか)ですか。
B:いいえ、8日(ようか)です。
A:あ、すみません。8月(はちがつ) 8日(ようか)ですね。

3 A:今日(きょう)は 9月(くがつ) 19日(じゅうくにち)、明日(あした)は 彼女(かのじょ)の 誕生日(たんじょうび)です。
B:え、誰(だれ)の 誕生日(たんじょうび)ですか。
A:上野(うえの)さんです。9月 20日(はつか)は 上野さんの 誕生日(たんじょうび)です。

1 A : 기무라 씨의 생일은 언제입니까?
B : 11월 13일입니다. 김 씨는 언제입니까?
A : 저의 생일은 10월 31일입니다.

2 A : 마쓰모토 씨의 생일은 언제입니까?
B : 8월 8일입니다.
A : 8월 4일입니까?
B : 아니요, 8일입니다.
A : 아, 죄송합니다. 8월 8일이군요.

3 A : 오늘은 9월 19일, 내일은 그녀의 생일입니다.
B : 네, 누구의 생일입니까?
A : 우에노 씨입니다. 9월 20일은 우에노 씨의 생일입니다.

## unit 07 本当に かっこいいですね。
정말 멋있네요.

정답_본 책 106쪽

어휘 · 문법 1 ③ 2 ④ 3 ③
청취 1 ② 2 ④ 3 ①

청취 스크립트

1 A:この 店(みせ)の コーヒーは おいしいですね。
B:そうですね。安(やす)くて おいしいですね。
A:あの ケーキは どうですか。
B:ケーキは おいしいです。でも クッキーは おいしく ないです。

2 A:この かばん、かわいいですね。
B:そうですね。小(ちい)さくて かわいいですね。
A:安(やす)いですか。
B:安(やす)く ありません。とても 高(たか)いです。

3 A:山田先生(やまだせんせい)の 授業(じゅぎょう)は とても 面白(おもしろ)いです。
B:そうですね。優(やさ)しくて 明(あか)るい 先生(せんせい)ですね。
A:鈴木(すずき)先生の 授業も 面白(おもしろ)いですか。
B:いいえ、面白(おもしろ)く ありません。でも いい 先生(せんせい)です。

1 A : 이 가게의 커피는 맛있군요.
B : 그러네요. 싸고 맛있네요.
A : 저 케이크는 어떻습니까?
B : 케이크는 맛있습니다. 하지만 쿠키는 맛있지 않습니다. (맛이 없습니다.)

2 A : 이 가방, 귀엽네요.
B : 그러네요. 작고 귀엽네요.
A : 쌉니까?
B : 싸지 않습니다. 굉장히 비쌉니다.

3 A : 야마다 선생님의 수업은 굉장히 재미있습니다.
B : 그러네요. 자상하고(친절하고) 명랑한 선생님이네요.
A : 스즈키 선생님의 수업도 재미있습니까?
B : 아니요, 재미있지 않습니다. 하지만 좋은 선생님입니다.

# 부록 톡톡 체크 정답 및 청취 스크립트

## unit 08 どんな 人が 好きですか。
어떤 사람을 좋아하세요?

정답_본 책 120쪽

어휘 · 문법 **1** ② **2** ③ **3** ①

청취 **1** ② **2** ② **3** ②

청취 스크립트

**1** A:日本語の 先生は 親切ですか。

B:はい。親切で 真面目な 先生です。

A:英語の 先生も 親切ですか。

B:はい、親切で とても ハンサムです。

**2** A:この 歌手、とても スリムですね。

B:そうですね。スタイルが よくて かっこいいです。

A:とても ハンサムで、私の タイプです。でも 有名じゃ ないです。

**3** A:この レストランは 静かで いいですね。

B:はい。料理も おいしくて 店員も 親切です。

A:そうですね。でも ちょっと 高いですね。

**1** A : 일본어 선생님은 친절합니까?
B : 네. 친절하고 성실한 선생님입니다.
A : 영어 선생님도 친절합니까?
B : 네, 친절하고 굉장히 멋있습니다.

**2** A : 이 가수, 굉장히 날씬하네요.
B : 그렇네요. 스타일이 좋고 멋있습니다.
A : 굉장히 멋있어서, 제 이상형입니다. 하지만 유명하지 않습니다.

**3** A : 이 레스토랑은 조용해서 좋군요.
B : 네. 요리도 맛있고 점원도 친절합니다.
A : 그렇네요. 하지만 조금 비싸네요.

## unit 09 世界で 一番 すてきな 人です。
세상에서 제일 멋진 사람이에요.

정답_본 책 132쪽

어휘 · 문법 **1** ④ **2** ③ **3** ②

청취 **1** ④ **2** ④ **3** ④

청취 스크립트

**1** A:ワンさんは 犬と 猫と どちらが 好きですか。

B:犬の 方が 好きです。

A:じゃ、大きい 犬と 小さい 犬と どちらが 好きですか。

B:小さい 犬の 方が かわいくて 好きです。

**2** A:イさんは スキーと サッカーと どちらが 好きですか。

B:サッカーの 方が 好きです。鈴木さんは サッカーと 水泳と どちらが 好きですか。

A:水泳の 方が 好きです。イさんは 水泳が 好きですか。

B:いいえ、好きじゃ ありません。

**3** A:山田さんは 飲み物の 中で 何が 一番 好きですか。

B:ジュースが 一番 好きです。

A:じゃ、どんな ジュースが 一番 好きですか。

B:りんごも オレンジも 好きです。パイナップルジュースも おいしいです。でも 私は バナナジュースが 一番 好きです。

**1** A : 왕 씨는 개와 고양이와 어느 쪽을 좋아합니까?
B : 개 쪽을 좋아합니다.
A : 그럼, 큰 개와 작은 개와 어느 쪽을 좋아합니까?
B : 작은 개 쪽이 귀여워서 좋습니다.

**2** A : 이 씨는 스키와 축구와 어느 쪽을 좋아합니까?
B : 축구 쪽을 좋아합니다. 스즈키 씨는 축구와 수영과 어느 쪽을 좋아합니까?
A : 수영 쪽이 좋습니다. 이 씨는 수영을 좋아합니까?
B : 아니요, 좋아하지 않습니다.

**3** A : 야마다 씨는 음료 중에 무엇을 가장 좋아합니까?
B : 주스를 가장 좋아합니다.
A : 그럼, 어떤 주스를 가장 좋아합니까?
B : 사과도 오렌지도 좋아합니다. 파인애플 주스도 맛있습니다.
하지만 저는 바나나 주스를 가장 좋아합니다.

## unit 10 このブラウスは いくらですか。
이 블라우스는 얼마예요?

정답_본책 146쪽

**어휘 · 문법** 1 ③ 2 ② 3 ④

**청취** 1 ② 2 ③ 3 ③

청취 스크립트

**1** A:いらっしゃいませ。
B:わあ～、かわいいのが いっぱい。
この ブラウスは いくらですか。
A:それは 40,000ウォンです。
B:じゃ、あの スカートは いくらですか。
A:あれは 35,000ウォンです。

**2** A:いらっしゃいませ。
B:わあ～、きれいな アクセサリーが いっぱい。すみません。この ネックレスは いくらですか。
A:それは 15,000円(えん)です。
B:じゃ、この イヤリングは いくらですか。
A:その イヤリングは 8,000円(えん)です。
B:じゃ、この ネックレスと イヤリングを ください。
A:はい。全部(ぜんぶ)で 23,000円(えん)です。ありがとうございます。

**3** A:いらっしゃいませ。
B:ケーキは いくらですか。
A:チーズケーキは 300円(えん)で チョコレートケーキは 400円(えん)です。
B:チーズケーキ 二(ふた)つと チョコレートケーキ 一(ひと)つ ください。
A:はい。全部(ぜんぶ)で 1,000円(えん)です。ありがとうございます。

**1** A : 어서 오세요.
B : 와~, 귀여운 것이 가득. 이 블라우스는 얼마입니까?
A : 그것은 40,000원입니다.
B : 그럼, 저 스커트는 얼마입니까?
A : 저것은 35,000원입니다.

**2** A : 어서 오세요.
B : 와~, 예쁜 액세서리가 가득.
실례합니다. 이 목걸이는 얼마입니까?
A : 그것은 15,000엔입니다.

B : 그럼, 이 귀걸이는 얼마입니까?
A : 그 귀걸이는 8,000엔입니다.
B : 그럼, 이 목걸이와 귀걸이를 주세요.
A : 네. 전부 해서 23,000엔입니다. 감사합니다.

**3** A : 어서 오세요.
B : 케이크는 얼마입니까?
A : 치즈 케이크는 300엔이고 초콜릿 케이크는 400엔입니다.
B : 치즈 케이크 2개와 초콜릿 케이크 1개 주세요.
A : 네. 전부 해서 1,000엔입니다. 감사합니다.

## unit 11 親しい 友だちが いますか。

친한 친구가 있습니까?

정답 _본 책 158쪽

어휘 · 문법 **1** ② **2** ③ **3** ④

청취 **1** ③ **2** ① **3** ①

청취 스크립트

**1** ソファーは どこに ありますか。
① 今日は ありません。
② ソファーは ありません。
③ ドアの そばに あります。

**2** 中村さんは 今 どこに いますか。
① 学校に います。
② ねこが います。
③ あそこに あります。

**3** パクさんの 犬は どこに いますか。
① ドアの 横に います。
② コップの 中に あります。
③ 私の そばに あります。

**1** 소파는 어디에 있습니까?
① 오늘은 없습니다.
② 소파는 없습니다.
③ 문 옆에 있습니다.

**2** 나카무라 씨는 지금 어디에 있습니까?
① 학교에 있습니다.
② 고양이가 있습니다.
③ 저쪽에 있습니다.

**3** 박 씨의 개는 어디에 있습니까?
① 문 옆에 있습니다.
② 컵 안에 있습니다.
③ 내 옆에 있습니다.

## unit 12 毎日 図書館で 勉強を しますか。

매일 도서관에서 공부를 합니까?

정답 _본 책 174쪽

어휘 · 문법 **1** ① **2** ② **3** ①

청취 **1** ② **2** ① **3** ③

청취 스크립트

**1** 明日 病院に 行きますか。
① はい、行きました。
② いいえ、行きません。
③ いいえ、行きませんでした。

**2** 勉強を しましたか。
① はい、しました。
② 明日 しました。
③ いいえ、しました。

**3** どこで 会いましたか。
① ラーメンを 食べました。
② ジュースを 飲みます。
③ レストランで 会いました。

**1** 내일 병원에 갑니까?
① 네, 갔습니다.
② 아니요, 가지 않습니다.
③ 아니요, 가지 않았습니다.

**2** 공부를 했습니까?
① 네, 했습니다.
② 내일 합니다.
③ 아니요, 하지 않습니다.

**3** 어디서 만났습니까?
① 라면을 먹었습니다.
② 주스를 마십니다.
③ 레스토랑에서 만났습니다.

## unit 13 コンサートに 行きませんか。
콘서트에 가지 않겠습니까?

**정답 _본 책 186쪽**

| | | | |
|---|---|---|---|
| 어휘 · 문법 | 1 ④ | 2 ④ | 3 ④ |
| 청취 | 1 ④ | 2 ③ | 3 ② |

**청취 스크립트**

**1** A: 明日 ドライブに 行きませんか。
B: いいですね。何時に 会いましょうか。
A: 午前 11時ごろ どうですか。
B: 午前中は ちょっと…。
A: そうですか。じゃ、夜 7時は どうですか。
B: いいですよ。明日 7時に 会いましょう。

**2** A: 今週の 土曜日 映画を 見に 行きませんか。
B: いいですね。何時に どこで 会いましょうか。
A: 午後 1時に カンナム駅で 会いましょう。
B: カンナム駅は 人が 多くて。駅の 近くの 本屋の 前は どうですか。
A: いいですね。じゃ、本屋の 前で 会いましょう。

**3** A: もう お昼の 時間ですね。何か 食べましょうか。
B: そうですね。ハンバーガーや ピザは どうですか。
A: ピザは ちょっと…。トンカツは どうですか。
B: いいですね。じゃ、トンカツを 食べに 行きましょう。

**1** A : 내일 드라이브 하러 가지 않겠습니까?
B : 좋습니다. 몇 시에 만날까요?
A : 오전 11시쯤 어떻습니까?
B : 오전 중은 조금…….
A : 그렇습니까? 그럼, 저녁 7시는 어떻습니까?
B : 좋습니다. 내일 7시에 만납시다.

**2** A : 이번 주 토요일에 영화 보러 가지 않겠습니까?
B : 좋습니다. 몇 시에 어디서 만날까요?
A : 오후 1시에 강남역에서 만납시다.
B : 강남역은 사람이 많아서. 역 근처의 서점 앞은 어떻습니까?
A : 좋습니다. 그럼, 서점 앞에서 만납시다.

**3** A : 벌써 점심시간이네요. 뭔가 먹을까요?
B : 그러네요. 햄버거나 피자는 어떻습니까?
A : 피자는 좀……. 돈가스는 어떻습니까?
B : 좋습니다. 그럼, 돈가스를 먹으러 갑시다.

## unit 14 どんな 人に なりたいですか。
어떤 사람이 되고 싶습니까?

정답 _본 책 198쪽

어휘 · 문법 1 ① 2 ③ 3 ②

청취 1 ① 2 ③ 3 ②

청취 스크립트

1 将来(しょうらい) 何(なに)に なりたいですか。
① アナウンサーに なりたいです。
② 友(とも)だちです。
③ ここは 図書館(としょかん)です。

2 今(いま) 何(なに)が 一番(いちばん) ほしいですか。
① ハンバーガーが 食(た)べたいです。
② あそこに 行(い)きたいです。
③ 友(とも)だちが ほしいです。

3 結婚(けっこん)したいですか。
① はい、彼(かれ)です。
② いいえ、したく ありません。
③ はい、しました。

1 장래에 무엇이 되고 싶습니까?
① 아나운서가 되고 싶습니다.
② 친구입니다.
③ 여기는 도서관입니다.

2 지금 무엇을 가장 갖고 싶습니까?
① 햄버거를 먹고 싶습니다.
② 저기에 가고 싶습니다.
③ 친구를 갖고 싶습니다.

3 결혼하고 싶습니까?
① 네, 그입니다.
② 아니요, 하고 싶지 않습니다.
③ 네, 했습니다.

## unit 15 ちょっと 助けて ください。
좀 도와주세요.

정답 _본 책 212쪽

어휘 · 문법 1 ① 2 ③ 3 ③

청취 1 ④ 2 ① 3 ②

청취 스크립트

1 A: 佐藤(さとう)さん、どこに 行(い)きますか。
B: 図書館(としょかん)に 行(い)きます。
A: そうですか。じゃ、いっしょに 行(い)きましょう。
B: あ！すみません。私(わたし)は 銀行(ぎんこう)に 行(い)ってから 図書館(としょかん)に 行(い)きます。

2 A: 今(いま) 何(なに)を して いますか。
B: レポートを 書(か)いて います。
A: そうですか。大変(たいへん)ですね。コーヒーでも 飲(の)んでから どうですか。
B: ありがとうございます。でも まず レポートを 書(か)いてから 休(やす)みます。

3 A: 私(わたし)は ご飯(はん)を 食(た)べてから コーヒーを 飲(の)みますけど、田中(たなか)さんは コーヒーを 飲(の)んでから ご飯(はん)を 食(た)べますね。
B: ハハハ。コーヒーが 好(す)きで いつも 飲(の)んで いますから。仕事(しごと)も コーヒーを 飲(の)んでから 始(はじ)めるんです。
A: そうですか。

1 A : 사토 씨, 어디에 갑니까?
B : 도서관에 갑니다.
A : 그렇습니까? 그럼, 같이 갑시다.
B : 아! 미안합니다. 저는 은행에 가고 나서 도서관에 가겠습니다.

**2** A : 지금 무엇을 하고 있습니까?
B : 리포트를 쓰고 있습니다.
A : 그렇습니까? 힘들겠네요.
커피라도 마시고 나서 어떻습니까?
B : 고맙습니다.
하지만 우선 리포트를 쓰고 나서 쉬겠습니다.

**3** A : 저는 밥을 먹고 나서 커피를 마십니다만,
다나카 씨는 커피를 마시고 나서 밥을 먹는군요.
B : 하하하. 커피가 좋아서 항상 마시니까요.
일도 커피를 마시고 나서 시작합니다.
A : 그렇습니까?

# 부록 톡톡 문법 색인(오십음도 순)

# 부록 톡톡 문법 색인(오십음도 순)

# MEMO

MEMO

# MEMO

| 일본어뱅크 |

NEW

# 도모다찌 일본어 상

## 워크북

동양북스

# 히라가나(ひらがな)와 발음 익히기

## ① 히라가나 청음 清音せいおん

**あ행** 본책 18쪽

DATE :   .   .

[a]

あ あ あ

あい
사랑

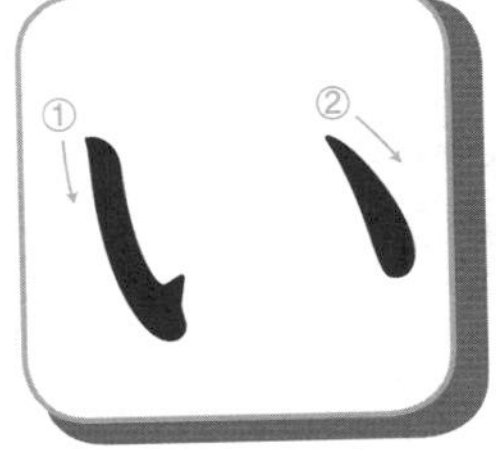


[i]

い い い

いえ
집

[u]

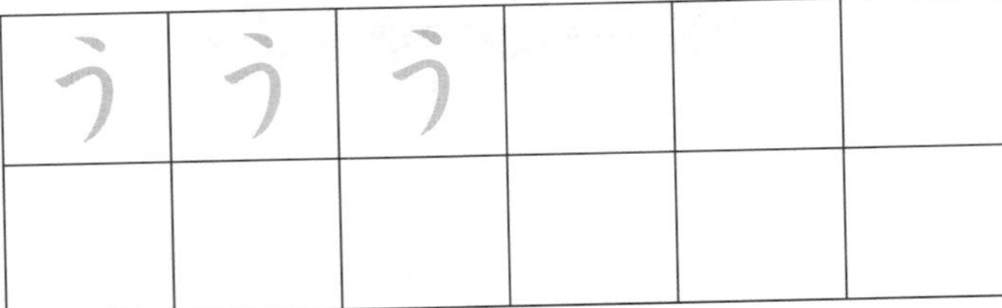

うえ
위

[e]

え え え

え
그림

[o]

お お お

あお
파랑

か 행 본책 18쪽

DATE :  .  .

か [ka]

か か か

かお 얼굴

き [ki]

き き き

かき 감

く [ku]

く く く

きく 국화

け [ke]

け け け

いけ 연못

こ [ko]

こ こ こ

こい 잉어

사행 본책 19쪽 DATE : . .

さ [sa]

さ さ さ

さけ
술

し [shi]

し し し

しか
사슴

す [su]

す す す

すし
초밥

せ [se]

せ せ せ

せかい
세계

そ [so]

そ そ そ

すそ
옷자락

た행 본책 19쪽

DATE :　　.　　.

た [ta]

たたた

たき
폭포

ち [chi]

ちちち

ちち
아버지

つ [tsu]

つつつ

つき
달

て [te]

ててて

て
손

と [to]

ととと

24살

とし
나이

な행 본책 20쪽

DATE : . .

な [na]

な な な

なつ
여름

に [ni]

に に に

にく
고기

ぬ [nu]

ぬ ぬ ぬ

いぬ
개

ね [ne]

ね ね ね

ねこ
고양이

の [no]

の の の

つの
뿔

## は행 본책 20쪽

DATE : . .

は [ha]

は は は

はな 꽃

ひ [hi]

ひ ひ ひ

ひと 사람

ふ [fu]

ふ ふ ふ

ふね 배

へ [he]

へ へ へ

へそ 배꼽

ほ [ho]

ほ ほ ほ

ほし 별

ま행 본책 21쪽

DATE : . .

ま [ma]

まめ 콩

み [mi]

みみ 귀

む [mu]

むすめ 딸

め [me]

あめ 비

も [mo]

もも 복숭아

## や행

본책 21쪽

DATE : . .

や [ya]

やや や

やま
산

ゆ [yu]

ゆゆゆ

ゆき
눈

よ [yo]

よよよ

ひよこ
병아리

## 헷갈리기 쉬운 글자 연습

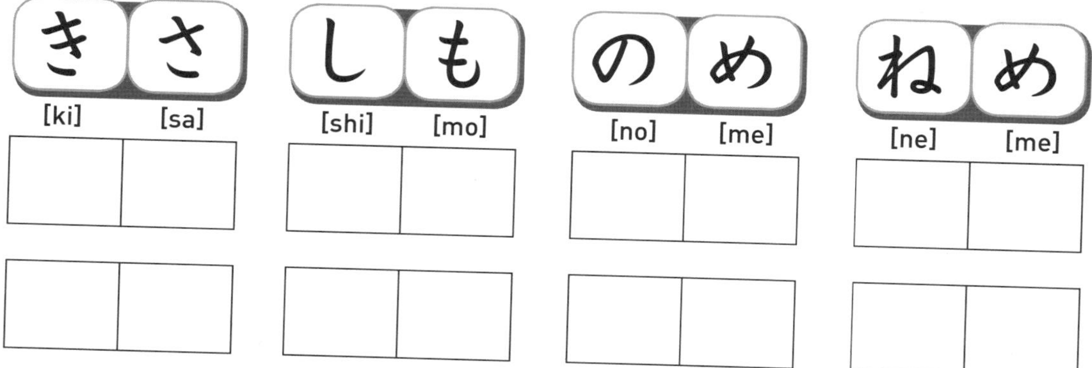

ら행 본 책 22쪽

DATE : . .

ら [ra]

| ら | ら | ら | | | |
|---|---|---|---|---|---|
| | | | | | |

そら 하늘

り [ri]

| り | り | り | | | |
|---|---|---|---|---|---|
| | | | | | |

りす 다람쥐

る [ru]

| る | る | る | | | |
|---|---|---|---|---|---|
| | | | | | |

くるま 자동차

れ [re]

| れ | れ | れ | | | |
|---|---|---|---|---|---|
| | | | | | |

すみれ 제비꽃

ろ [ro]

| ろ | ろ | ろ | | | |
|---|---|---|---|---|---|
| | | | | | |

いろ 색

## わ행, ん

본책 22쪽

DATE : . .

わ

[wa]

わ わ わ

わたし
나, 저

を

[o]

を を を

を
~을/를

ん

[N]

ん ん ん

きん
금

### 헷갈리기 쉬운 글자 연습

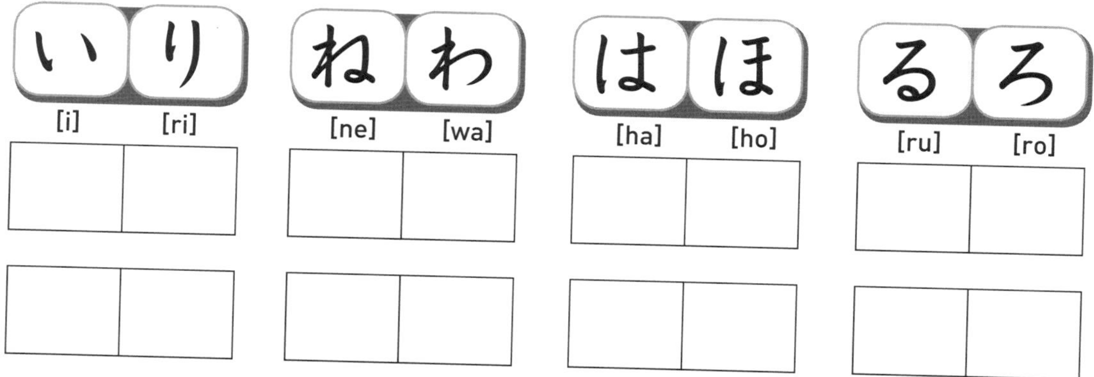

## ② 히라가나 탁음 濁音だくおん

**が행** 본 책 23쪽

DATE :  .  .

が
[ga]

がかがか
かがみ
거울

ぎ
[gi]

ぎぎぎ
かぎ
열쇠

ぐ
[gu]

ぐぐぐ
かぐ
가구

げ
[ge]

げげげ
ひげ
수염

ご
[go]

ごごご
たまご
계란

**ざ행** 본책 23쪽

DATE : . .

ざ [za] ざ ざ ざ

ひざ 무릎

じ [ji] じ じ じ

ひじ 팔꿈치

ず [zu] ず ず ず

みず 물

ぜ [ze] ぜ ぜ ぜ

かぜ 바람

ぞ [zo] ぞ ぞ ぞ

かぞく 가족

# ② 히라가나 탁음 濁音だくおん

## だ행 본책 24쪽

DATE : . .

だ [da]

だ だ だ

だいがく
대학교

ぢ [ji]

ぢ ぢ ぢ

はなぢ
코피

づ [zu]

づ づ づ

こづつみ
소포

で [de]

で で で

そで
소매

ど [do]

ど ど ど

まど
창문

ば행 본책 24쪽

DATE : . .

ば [ba]

ばばば

ばら 장미꽃

び [bi]

びびび

えび 새우

ぶ [bu]

ぶぶぶ

ぶた 돼지

べ [be]

べべべ

べんとう 도시락

ぼ [bo]

ぼぼぼ

つぼ 단지

## ② 히라가나 탁음 濁音だくおん

**ぱ행** 본 책 25쪽

DATE :  .  .

ぱ [pa]

ぱ ぱ ぱ

いっぱい
가득

ぴ [pi]

ぴ ぴ ぴ

ぴかぴか
반짝반짝

ぷ [pu]

ぷ ぷ ぷ

ぷくぷく
뒤룩뒤룩

ぺ [pe]

ぺ ぺ ぺ

ぺらぺら
술술

ぽ [po]

ぽ ぽ ぽ

ぽかぽか
포근포근

## きゃ행

본 책 26쪽

DATE : . .

きゃ [kya] — おきゃく 손님

きゅ [kyu] — きゅうり 오이

きょ [kyo] — きょり 거리

## ぎゃ행

본 책 26쪽

ぎゃ [gya] — ぎゃく 반대

ぎゅ [gyu] — ぎゅうにゅう 우유

ぎょ [gyo] — きんぎょ 금붕어

## ④ 히라가나 요음 拗音ようおん

しゃ행 본책 26쪽

DATE :  .  .

しゃ
[sha]
しゃ
しゃしん
사진

しゅ
[shu]
しゅ
しゅじん
남편

しょ
[sho]
しょ
しょみん
서민

じゃ행 본책 26쪽

じゃ
[ja]
じゃ
じんじゃ
신사

じゅ
[ju]
じゅ
しんじゅ
진주

じょ
[jo]
じょ
じょせい
여성

## ちゃ행

본 책 26쪽

DATE : . .

ちゃ [cha]

ちゃ

おちゃ 차

ちゅ [chu]

ちゅ

ちゅうもん 주문

ちょ [cho]

ちょ

ちょちく 저축

## にゃ행

본 책 26쪽

にゃ [nya]

にゃ

こんにゃく 곤약

にゅ [nyu]

にゅ

にゅういん 입원

にょ [nyo]

にょ

にょうぼう 마누라

## ④ 히라가나 요음 拗音ようおん

ひゃ행 본 책 27쪽

DATE : . .

ひゃ [hya] ひゃ — ひゃく 백, 100

ひゅ [hyu] ひゅ — ひゅうひゅう 휙휙

ひょ [hyo] ひょ — ひょうじょう 표정

びゃ행 본 책 27쪽

びゃ [bya] びゃ — さんびゃく 삼백, 300

びゅ [byu] びゅ — びゅうびゅう 윙윙

びょ [byo] びょ — びょういん 병원

ぴゃ행 본책 27쪽

DATE : . .

ぴゃ
[pya]

ぴゃ

はっぴゃく
팔백, 800

ぴゅ
[pyu]

ぴゅ

ぴゅうぴゅう
확확

ぴょ
[pyo]

ぴょ

ぴょんぴょん
깡충깡충

みゃ행 본책 27쪽

みゃ
[mya]

みゃ

みゃく
맥

みゅ
[myu]

みゅ

みょ
[myo]

みょ

びみょう
미묘

## ④ 히라가나 요음 拗音ようおん

りゃ행 본책 27쪽

DATE : . .

りゃ [rya] りゃ

りゃくじ 약자

りゅ [ryu] りゅ

りゅうがく 유학

りょ [ryo] りょ

りょうり 요리

## ⑤ 히라가나 촉음 促音そくおん

본책 28쪽

がっき がっき

악기

きっさてん きっさてん

찻집

いったい いったい

도대체

いっぱい いっぱい

가득

# 가타카나(カタカナ)와 발음 익히기

## ① 가타카나 청음 清音せいおん

**ア행** 본책 34쪽

DATE : . .

[a]

ア ア ア

アイス
아이스

[i]

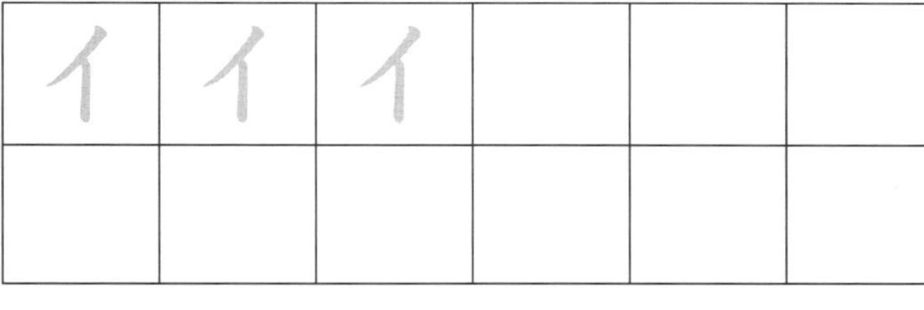

イタリア
이탈리아

[u]

ソウル
서울

[e]

エ エ エ

エアコン
에어컨

[o]

オ オ オ

オートバイ
오토바이

カ행 본책 34쪽 DATE : . .

カ
[ka]

| カ | カ | カ | | | |
|---|---|---|---|---|---|
| | | | | | |

カメラ
카메라

キ
[ki]

| キ | キ | キ | | | |
|---|---|---|---|---|---|
| | | | | | |

スキー
스키

ク
[ku]

| ク | ク | ク | | | |
|---|---|---|---|---|---|
| | | | | | |

クッキー
쿠키

ケ
[ke]

| ケ | ケ | ケ | | | |
|---|---|---|---|---|---|
| | | | | | |

ケーキ
케이크

コ
[ko]

| コ | コ | コ | | | |
|---|---|---|---|---|---|
| | | | | | |

コート
코트

사행 본책 35쪽

DATE : . .

サ

[sa]

サ サ サ

サラダ
샐러드

シ

[shi]

シ シ シ

シアター
시어터

ス

[su]

ス ス ス

スポーツ
스포츠

セ

[se]

セ セ セ

セット
세트

ソ

[so]

ソ ソ ソ

ソース
소스

DATE :  .  .

**タ행** 본 책 35쪽

タ [ta]

| タ | タ | タ | | | |
|---|---|---|---|---|---|
| | | | | | |

タオル 타월

チ [chi]

| チ | チ | チ | | | |
|---|---|---|---|---|---|
| | | | | | |

チーズ 치즈

ツ [tsu]

| ツ | ツ | ツ | | | |
|---|---|---|---|---|---|
| | | | | | |

ツアー 투어

テ [te]

| テ | テ | テ | | | |
|---|---|---|---|---|---|
| | | | | | |

テレビ 텔레비전

ト [to]

| ト | ト | ト | | | |
|---|---|---|---|---|---|
| | | | | | |

トマト 토마토

ナ행 본책 36쪽

DATE : . .

ナ ① ②

[na]

ナ ナ ナ

バナナ
바나나

ニ ① ②

[ni]

ニ ニ ニ

テニス
테니스

ヌ ① ②

[nu]

ヌ ヌ ヌ

ヌードル
누들

ネ ① ② ③ ④

[ne]

ネ ネ ネ

ネクタイ
넥타이

ノ ①

[no]

ノ ノ ノ

ノート
노트

ハ행 본책 36쪽

DATE : . .

ハ [ha]

| ハ | ハ | ハ | | | |
|---|---|---|---|---|---|
| | | | | | |

ハート
하트

ヒ [hi]

| ヒ | ヒ | ヒ | | | |
|---|---|---|---|---|---|
| | | | | | |

コーヒー
커피

フ [fu]

| フ | フ | フ | | | |
|---|---|---|---|---|---|
| | | | | | |

フランス
프랑스

ヘ [he]

| ヘ | ヘ | ヘ | | | |
|---|---|---|---|---|---|
| | | | | | |

ヘア
헤어

ホ [ho]

| ホ | ホ | ホ | | | |
|---|---|---|---|---|---|
| | | | | | |

ホテル
호텔

## マ행

본책 37쪽

DATE :　　.　　.

マ [ma]

マ マ マ

マスカラ
마스카라

ミ [mi]

ミ ミ ミ

ミルク
밀크

ム [mu]

ム ム ム

ゲーム
게임

メ [me]

メ メ メ

メール
메일

モ [mo]

モ モ モ

メモ
메모

ヤ행 본책 37쪽

DATE : . .

ヤ ②①

[ya]

ヤ ヤ ヤ

タイヤ
타이어

ユ ①②

[yu]

ユ ユ ユ

ユニフォーム
유니폼

ヨ ①②③

[yo]

ヨ ヨ ヨ

ヨット
요트

헷갈리기 쉬운 글자 연습

| ウ | ワ | サ | ナ | ソ | ン | フ | ラ |
|---|---|---|---|---|---|---|---|
| [u] | [wa] | [sa] | [na] | [so] | [N] | [fu] | [ra] |

ラ행 본책 38쪽

DATE : . .

ラ

[ra]

| ラ | ラ | ラ | | | |
|---|---|---|---|---|---|
| | | | | | |

ラジオ
라디오

リ

[ri]

| リ | リ | リ | | | |
|---|---|---|---|---|---|
| | | | | | |

リボン
리본

ル

[ru]

| ル | ル | ル | | | |
|---|---|---|---|---|---|
| | | | | | |

ルビー
루비

レ

[re]

| レ | レ | レ | | | |
|---|---|---|---|---|---|
| | | | | | |

レストラン
레스토랑

ロ

[ro]

| ロ | ロ | ロ | | | |
|---|---|---|---|---|---|
| | | | | | |

メロン
멜론

ワ행, ン 본 책 38쪽

DATE : . .

ワ
[wa]

| ワ | ワ | ワ | | | |
|---|---|---|---|---|---|
| | | | | | |

ワイン
와인

ヲ
[o]

| ヲ | ヲ | ヲ | | | |
|---|---|---|---|---|---|
| | | | | | |

ン
[N]

| ン | ン | ン | | | |
|---|---|---|---|---|---|
| | | | | | |

ペン
펜

헷갈리기 쉬운 글자 연습

| テ [te] | ラ [ra] | フ [fu] | ラ [ra] | レ [re] | ル [ru] | サ [sa] | ナ [na] |
|---|---|---|---|---|---|---|---|
| | | | | | | | |
| | | | | | | | |

**ガ행** 본 책 39쪽

DATE : . .

ガ [ga]

ガ ガ ガ

ギ [gi]

ギ ギ ギ

グ [gu]

グ グ グ

ゲ [ge]

ゲ ゲ ゲ

ゴ [go]

ゴ ゴ ゴ

## ② 가타카나 탁음 濁音だくおん

ザ행 본책 39쪽

DATE : . .

ザ

[za]

ザ ザ ザ

ジ

[ji]

ジ ジ ジ

ズ

[zu]

ズ ズ ズ

ゼ

[ze]

ゼ ゼ ゼ

ゾ

[zo]

ゾ ゾ ゾ

ダ행 본책 39쪽

DATE : . .

ダ

[da]

ダ ダ ダ

ヂ

[ji]

ヂ ヂ ヂ

ヅ

[zu]

ヅ ヅ ヅ

デ

[de]

デ デ デ

ド

[do]

ド ド ド

バ행 본 책 39쪽

DATE :　　.　　.

バ
[ba]

| バ | バ | バ | | | | |
|---|---|---|---|---|---|---|
| | | | | | | |

ビ
[bi]

| ビ | ビ | ビ | | | | |
|---|---|---|---|---|---|---|
| | | | | | | |

ブ
[bu]

| ブ | ブ | ブ | | | | |
|---|---|---|---|---|---|---|
| | | | | | | |

ベ
[be]

| ベ | ベ | ベ | | | | |
|---|---|---|---|---|---|---|
| | | | | | | |

ボ
[bo]

| ボ | ボ | ボ | | | | |
|---|---|---|---|---|---|---|
| | | | | | | |

## ③ 가타카나 반탁음 半濁音はんだくおん

パ행 본책 40쪽

DATE : . .

パ [pa]

パ パ パ

ピ [pi]

ピ ピ ピ

プ [pu]

プ プ プ

ペ [pe]

ペ ペ ペ

ポ [po]

ポ ポ ポ

# ④ 가타카나 요음 拗音ようおん

DATE : . .

**キャ행** 본책 41쪽

キャ
[kya]

キュ
[kyu]

キョ
[kyo]

**ギャ행** 본책 41쪽

ギャ
[gya]

ギュ
[gyu]

ギョ
[gyo]

DATE :  .  .

## シャ행

본책 41쪽

| シャ | シャ | | | | |
|---|---|---|---|---|---|

[sha]

| シュ | シュ | | | | |
|---|---|---|---|---|---|

[shu]

| ショ | ショ | | | | |
|---|---|---|---|---|---|

[sho]

## ジャ행

본책 41쪽

| ジャ | ジャ | | | | |
|---|---|---|---|---|---|

[ja]

| ジュ | ジュ | | | | |
|---|---|---|---|---|---|

[ju]

| ジョ | ジョ | | | | |
|---|---|---|---|---|---|

[jo]

# ④ 가타카나 요음 拗音ようおん

DATE : . .

**チャ행** 본책 41쪽

チャ

[cha]

チュ

[chu]

チョ

[cho]

**ニャ행** 본책 41쪽

ニャ

[nya]

ニュ

[nyu]

ニョ

[nyo]

DATE :     .     .

**ヒャ행** 본책 41쪽

ヒャ ヒャ

[hya]

ヒュ ヒュ

[hyu]

ヒョ ヒョ

[hyo]

**ビャ행** 본책 41쪽

ビャ ビャ

[bya]

ビュ ビュ

[byu]

ビョ ビョ

[byo]

DATE :　　.　　.

ピャ행 본책 41쪽

| ピャ | ピャ | | | | |
|---|---|---|---|---|---|

[pya]

| ピュ | ピュ | | | | |
|---|---|---|---|---|---|

[pyu]

| ピョ | ピョ | | | | |
|---|---|---|---|---|---|

[pyo]

ミャ행 본책 41쪽

| ミャ | ミャ | | | |
|---|---|---|---|---|

[mya]

| ミュ | ミュ | | | |
|---|---|---|---|---|

[myu]

| ミョ | ミョ | | | |
|---|---|---|---|---|

[myo]

DATE :  .  .

## リャ행 본책 41쪽

リャ

[rya]

| リャ | | | |
|---|---|---|---|

リュ

[ryu]

| リュ | | | |
|---|---|---|---|

リョ

[ryo]

| リョ | | | |
|---|---|---|---|

## ⑤ 외래어와 특별음 外来語がいらいごと 特別音とくべつおん 본책 42쪽

ファッション

패션

ボランティア

봉사

ウェブ

웹

スマートフォン

스마트폰

# unit 03 はじめまして。 처음 뵙겠습니다.

unit 03 톡톡 패턴 본 책 51–53쪽

DATE :  .  .

はじめまして。私(わたし)は キム・ソヨンです。

会社員(かいしゃいん)です。どうぞ よろしく お願(ねが)いします。

1 山田(やまだ)・医者(いしゃ) → ______

2 吉本(よしもと)・小説家(しょうせつか) → ______

3 木村(きむら)・歌手(かしゅ) → ______

4 鈴木(すずき)・美容師(びようし) → ______

5 佐藤(さとう)・銀行員(ぎんこういん) → ______

6 ジャン・ミンミン・留学生(りゅうがくせい) → ______

낱말과 표현

| | | |
|---|---|---|
| 医者(いしゃ) 의사 | 歌手(かしゅ) 가수 | 銀行員(ぎんこういん) 은행원 |
| 小説家(しょうせつか) 소설가 | 美容師(びようし) 미용사 | 留学生(りゅうがくせい) 유학생 |

DATE : . .

**B**

A : 韓国人(かんこくじん)ですか。

B : はい、そうです。

いいえ、韓国人(かんこくじん)では ありません。(=韓国人(かんこくじん)じゃ ありません。)

1 日本人(にほんじん)ですか。(네)

→ B : ______

2 中国人(ちゅうごくじん)ですか。(아니요)

→ B : ______

3 アメリカ人(じん)ですか。(네)

→ B : ______

4 イタリア人(じん)ですか。(아니요)

→ B : ______

낱말과 표현

韓国人(かんこくじん) 한국인
日本人(にほんじん) 일본인
中国人(ちゅうごくじん) 중국인
アメリカ人(じん) 미국인
イタリア人(じん) 이탈리아인

DATE :  .  .

C

A：彼(かれ)は 会社員(かいしゃいん)ですか。

B：はい、彼(かれ)は 会社員(かいしゃいん)です。

いいえ、彼(かれ)は 会社員(かいしゃいん)では ありません。

1 彼(かれ)は 医者(いしゃ)ですか。(네)

→ B : ______

2 彼女(かのじょ)は 歌手(かしゅ)ですか。(네)

→ B : ______

3 キムさんは 運転手(うんてんしゅ)ですか。(아니요)

→ B : ______

4 中村(なかむら)さんは モデルですか。(아니요)

→ B : ______

낱말과 표현

彼(かれ) 그, 그 남자
会社員(かいしゃいん) 회사원
医者(いしゃ) 의사
彼女(かのじょ) 그녀
歌手(かしゅ) 가수
運転手(うんてんしゅ) 운전수
モデル 모델

unit 03 톡톡 펜맨십 본 책 55쪽

DATE : . .

한자

| がくせい 学生 학생 | がくせい 学生 | がくせい 学生 | | |
|---|---|---|---|---|
| こいびと 恋人 애인 | こいびと 恋人 | こいびと 恋人 | | |
| かいしゃいん 会社員 회사원 | かいしゃいん 会社員 | かいしゃいん 会社員 | | |
| かんこくじん 韓国人 한국인 | かんこくじん 韓国人 | かんこくじん 韓国人 | | |
| にほんじん 日本人 일본인 | にほんじん 日本人 | にほんじん 日本人 | | |
| ちゅうごくじん 中国人 중국인 | ちゅうごくじん 中国人 | ちゅうごくじん 中国人 | | |

가타카나

| モデル 모델 | モデル | |
|---|---|---|
| アメリカ 미국 | アメリカ | |
| イギリス 영국 | イギリス | |

unit 04

# この スマートフォンは だれのですか。

## 이 스마트폰은 누구의 것입니까?

DATE : . .

**unit 04 톡톡 패턴** 본 책 62-65쪽

A : これは 何(なん)ですか。(スマートフォン)

B : それは スマートフォンです。

1 これは 何(なん)ですか。(本(ほん))

→ B : ______________________

2 これは 何(なん)ですか。(かさ)

→ B : ______________________

3 それは 何(なん)ですか。(新聞(しんぶん))

→ B : ______________________

4 それは 何(なん)ですか。(めがね)

→ B : ______________________

**낱말과 표현**

| | |
|---|---|
| 本(ほん) 책 | 新聞(しんぶん) 신문 |
| かさ 우산 | めがね 안경 |

DATE :　　.　　.

## B

A：この 本(ほん)は だれのですか。(私(わたし))

B：それは 私(わたし)のです。

1 この ボールペンは だれのですか。(先生(せんせい))

→ B：＿＿＿＿＿＿＿＿＿＿＿＿＿＿＿＿＿＿

2 この 財布(さいふ)は だれのですか。(中村(なかむら)さん)

→ B：＿＿＿＿＿＿＿＿＿＿＿＿＿＿＿＿＿＿

3 その ノートパソコンは だれのですか。(イ·ジュンスさん)

→ B：＿＿＿＿＿＿＿＿＿＿＿＿＿＿＿＿＿＿

4 その かばんは だれのですか。(マ·ユナさん)

→ B：＿＿＿＿＿＿＿＿＿＿＿＿＿＿＿＿＿＿

**ボールペン** 볼펜　　**ノートパソコン** 노트북 컴퓨터

**財布(さいふ)** 지갑　　**かばん** 가방

DATE :　　.　　.

## C

A : 何(なん)の アプリですか。(ショッピング・アプリ)

B : ショッピングの アプリです。

1 何(なん)の 雑誌(ざっし)ですか。(ファッション・雑誌(ざっし))

→ B : ______________________

2 何(なん)の 本(ほん)ですか。(日本語(にほんご)・本(ほん))

→ B : ______________________

3 何(なん)の サイトですか。(旅行(りょこう)・サイト)

→ B : ______________________

4 何(なん)の 授業(じゅぎょう)ですか。(英語(えいご)・授業(じゅぎょう))

→ B : ______________________

**낱말과 표현**

| | | |
|---|---|---|
| **雑誌(ざっし)** 잡지 | **旅行(りょこう)** 여행 | **英語(えいご)** 영어 |
| **日本語(にほんご)** 일본어 | **サイト** 사이트 | **授業(じゅぎょう)** 수업 |

DATE :　　.　　.

## D

A : 中村(なかむら)さんの 電話番号(でんわばんごう)は 何番(なんばん)ですか。(010-3542-9867)

B : 010−3542−9867です。

1. 病院(びょういん)の 電話番号(でんわばんごう)は 何番(なんばん)ですか。(02-384-1620)

→ B : ______________________________

2. 会社(かいしゃ)の 電話番号(でんわばんごう)は 何番(なんばん)ですか。(032-798-7042)

→ B : ______________________________

3. 学校(がっこう)の 電話番号(でんわばんごう)は 何番(なんばん)ですか。(02-3290-3698)

→ B : ______________________________

4. 銀行(ぎんこう)の 電話番号(でんわばんごう)は 何番(なんばん)ですか。(02-537-1684)

→ B : ______________________________

낱말과 표현

| | |
|---|---|
| 病院(びょういん) 병원 | 学校(がっこう) 학교 |
| 会社(かいしゃ) 회사 | 銀行(ぎんこう) 은행 |

DATE : . .

unit 04 톡톡 펜맨십 본 책 67쪽

한자

| さいしんがた 最新型 최신형 | さいしんがた 最新型 | さいしんがた 最新型 | | |
|---|---|---|---|---|
| でんわ 電話 전화 | でんわ 電話 | でんわ 電話 | | |
| ばんごう 番号 번호 | ばんごう 番号 | ばんごう 番号 | | |
| なんばん 何番 몇 번 | なんばん 何番 | なんばん 何番 | | |
| せんせい 先生 선생님 | せんせい 先生 | せんせい 先生 | | |

가타카나

| スマートフォン 스마트폰 | スマートフォン | |
|---|---|---|
| ボールペン 볼펜 | ボールペン | |
| ケータイ 휴대전화 | ケータイ | |

# unit 05 今(いま) 何時(なんじ)ですか。 지금 몇 시입니까?

**unit 05 톡톡 패턴** 본 책 75–77쪽

DATE : . .

A : 今(いま) 何時(なんじ)ですか。(5 : 15)

B : 5時(じ) 15分(ふん)です。

**1** 2 : 10

→ B : ______________________________

**2** 4 : 20

→ B : ______________________________

**3** 7 : 35

→ B : ______________________________

**4** 9 : 48

→ B : ______________________________

**5** 10 : 50

→ B : ______________________________

**6** 12 : 30

→ B : ______________________________

**낱말과 표현**

今(いま) 지금

DATE :  .  .

B

A : 銀行(ぎんこう)は 何時(なんじ)から 何時(なんじ)までですか。(AM9 : 00~PM4 : 00)

B : 午前(ごぜん) 9時(じ)から 午後(ごご) 4時(じ)までです。

1 病院(びょういん)は 何時(なんじ)から 何時(なんじ)までですか。(AM9 : 00~PM6 : 00)

→ B : ______________________

2 デパートは 何時(なんじ)から 何時(なんじ)までですか。(AM9 : 30~PM8 : 00)

→ B : ______________________

3 レストランは 何時(なんじ)から 何時(なんじ)までですか。(AM11 : 00~PM10 : 30)

→ B : ______________________

4 授業(じゅぎょう)は 何時(なんじ)から 何時(なんじ)までですか。(AM9 : 00~9 : 50)

→ B : ______________________

낱말과 표현

病院(びょういん) 병원

デパート 백화점

レストラン 레스토랑

授業(じゅぎょう) 수업

DATE :　　.　　.

## C

A : コーヒーでも どうですか。(コーヒー)

B : いいですね。

1 お茶(ちゃ)

→ A : ______________________

2 食事(しょくじ)

→ A : ______________________

3 ドライブ

→ A : ______________________

4 ビール

→ A : ______________________

5 映画(えいが)

→ A : ______________________

6 散歩(さんぽ)

→ A : ______________________

낱말과 표현

| | | |
|---|---|---|
| お茶(ちゃ) 차 | ドライブ 드라이브 | 映画(えいが) 영화 |
| 食事(しょくじ) 식사 | ビール 맥주 | 散歩(さんぽ) 산책 |

DATE : . .

unit 05 톡톡 펜맨십 본 책 79쪽

한자

| なんじ | なんじ | なんじ | | |
|---|---|---|---|---|
| 何時<br>몇 시 | 何時 | 何時 | | |
| ごぜん | ごぜん | ごぜん | | |
| 午前<br>오전 | 午前 | 午前 | | |
| ごご | ごご | ごご | | |
| 午後<br>오후 | 午後 | 午後 | | |
| あさ | あさ | あさ | | |
| 朝<br>아침 | 朝 | 朝 | | |
| ひる | ひる | ひる | | |
| 昼<br>점심 | 昼 | 昼 | | |
| よる | よる | よる | | |
| 夜<br>밤 | 夜 | 夜 | | |

가타카나

| コーヒー<br>커피 | コーヒー | |
|---|---|---|
| デパート<br>백화점 | デパート | |
| レストラン<br>레스토랑 | レストラン | |

unit 06

# お誕生日(たんじょうび)は いつですか。

## 생일은 언제입니까?

**unit 06 톡톡 패턴** 본 책 89-91쪽

DATE : . .

**A**

A : 中村(なかむら)さんの お誕生日(たんじょうび)は いつですか。(中村(なかむら)・4月 20日)

B : 4月(がつ) 20日(はつか)です。

1. ワン·アリョ· → A : ________
   6月 8日 B : ________
2. 鈴木(すずき)· → A : ________
   7月 31日 B : ________
3. 遠藤(えんどう)· → A : ________
   11月 1日 B : ________
4. 橋本(はしもと)· → A : ________
   9月 5日 B : ________
5. 田中(たなか)· → A : ________
   3月 14日 B : ________
6. キム·ジュウォン· → A : ________
   12月 10日 B : ________

**낱말과 표현**

**お誕生日(たんじょうび)** 생일(お를 더하여 존경・친애의 뜻을 나타냄)

DATE :　　.　　.

## B

A : 何月 何日 何曜日ですか。(4月 3日 日曜日)

B : 4月 3日 日曜日です。

1. 3月 2日 水曜日

→ B : ______________________

2. 4月 7日 木曜日

→ B : ______________________

3. 5月 9日 月曜日

→ B : ______________________

4. 6月 24日 金曜日

→ B : ______________________

5. 8月 6日 土曜日

→ B : ______________________

6. 10月 4日 火曜日

→ B : ______________________

DATE : . .

**C**

A : 休み(やす)は いつから いつまでですか。(休み(やす)・7/31～8/6)

B : 休み(やす)は 7月(がつ) 31日(にち)から 8月(がつ) 6日(むいか)までです。

1. テスト・4/19～4/23 → A : ______________________
   B : ______________________

2. 雪祭り(ゆきまつ)・2/7～2/13 → A : ______________________
   B : ______________________

3. コンサート・3/20～4/10 → A : ______________________
   B : ______________________

4. ミュージカル公演(こうえん)・2/14～5/29 → A : ______________________
   B : ______________________

5. 夏休み(なつやす)・7/10～8/30 → A : ______________________
   B : ______________________

6. 冬休み(ふゆやす)・12/10～2/28 → A : ______________________
   B : ______________________

**낱말과 표현**

休み(やす) 휴일
テスト 시험
雪祭り(ゆきまつ) 눈 축제
コンサート 콘서트
ミュージカル 뮤지컬
公演(こうえん) 공연
夏休み(なつやす) 여름 방학
冬休み(ふゆやす) 겨울 방학

DATE :　　.　　.

unit 06 톡톡 펜맨십　본책 93쪽

한자

| | | | | |
|---|---|---|---|---|
| なんようび<br>何曜日<br>무슨 요일 | なんようび<br>何曜日 | なんようび<br>何曜日 | | |
| なんがつ<br>何月<br>몇 월 | なんがつ<br>何月 | なんがつ<br>何月 | | |
| なんにち<br>何日<br>며칠 | なんにち<br>何日 | なんにち<br>何日 | | |
| たんじょうび<br>誕生日<br>생일 | たんじょうび<br>誕生日 | たんじょうび<br>誕生日 | | |
| こんしゅう<br>今週<br>이번 주 | こんしゅう<br>今週 | こんしゅう<br>今週 | | |
| きょう<br>今日<br>오늘 | きょう<br>今日 | きょう<br>今日 | | |

가타카나

| | | |
|---|---|---|
| テスト<br>테스트 | テスト | |
| コンサート<br>콘서트 | コンサート | |
| ミュージカル<br>뮤지컬 | ミュージカル | |

unit 07

# 本当(ほんとう)に かっこいいですね。

정말 멋있네요.

**unit 07 톡톡 패턴** 본책 103–105쪽

DATE :  .  .

A : パソコンは 新(あたら)しいですか。(パソコン・新(あたら)しい)

B : いいえ、新(あたら)しく ないです。(＝新(あたら)しく ありません。)

1 教室(きょうしつ)・広(ひろ)い → A : ______________________

B : ______________________

2 今日(きょう)・寒(さむ)い → A : ______________________

B : ______________________

3 日本語(にほんご)・難(むずか)しい → A : ______________________

B : ______________________

4 漢字(かんじ)・易(やさ)しい → A : ______________________

B : ______________________

5 スカート・長(なが)い → A : ______________________

B : ______________________

6 駅(えき)・近(ちか)い → A : ______________________

B : ______________________

**낱말과 표현**

パソコン 컴퓨터
新(あたら)しい 새롭다
教室(きょうしつ) 교실
広(ひろ)い 넓다
今日(きょう) 오늘
寒(さむ)い 춥다
難(むずか)しい 어렵다
漢字(かんじ) 한자
易(やさ)しい 쉽다
スカート 치마
長(なが)い 길다
駅(えき) 역
近(ちか)い 가깝다

DATE :　　.　　.

B

A：この ケーキは とても おいしいですね。(ケーキ・おいしい)

B：そうですね。おいしい ケーキですね。

1 この 冬(ふゆ)・寒(さむ)い

→ A：

B：

2 この キムチ・辛(から)い

→ A：

B：

3 あの 会社(かいしゃ)・大(おお)きい

→ A：

B：

4 この 車(くるま)・新(あたら)しい

→ A：

B：

낱말과 표현

| | | |
|---|---|---|
| この 이 | そうですね 그렇군요, 그렇네요 | 会社(かいしゃ) 회사 |
| ケーキ 케이크 | 冬(ふゆ) 겨울 | 大(おお)きい 크다 |
| とても 아주 | キムチ 김치 | 車(くるま) 자동차 |
| おいしい 맛있다 | 辛(から)い 맵다 | |
| ～ですね ~군요, ~네요 | あの 저 | |

DATE :  .  .

## C

A : どんな 店(みせ)ですか。(店(みせ)/安(やす)い, おいしい)

B : 安(やす)くて おいしい 店(みせ)です。

1 かばん/大(おお)きい, 高(たか)い

→ A : ______

B : ______

2 キムチ/辛(から)い, おいしい

→ A : ______

B : ______

3 スマートフォン/新(あたら)しい, 安(やす)い

→ A : ______

B : ______

4 部屋(へや)/明(あか)るい, 広(ひろ)い

→ A : ______

B : ______

낱말과 표현

| | | |
|---|---|---|
| どんな~ 어떤~ | 安(やす)い 싸다 | 明(あか)るい 밝다 |
| 店(みせ) 가게 | 部屋(へや) 방 | 広(ひろ)い 넓다 |

unit 07 톡톡 펜맨십 본 책 107쪽

DATE : . .

한자

| たかい | たかい | たかい | | |
|---|---|---|---|---|
| 高い<br>비싸다, 높다 | 高い | 高い | | |
| やすい | やすい | やすい | | |
| 安い<br>싸다 | 安い | 安い | | |
| あたらしい | あたらしい | あたらしい | | |
| 新しい<br>새롭다 | 新しい | 新しい | | |
| ふるい | ふるい | ふるい | | |
| 古い<br>오래되다, 낡다 | 古い | 古い | | |
| つよい | つよい | つよい | | |
| 強い<br>강하다 | 強い | 強い | | |
| よわい | よわい | よわい | | |
| 弱い<br>약하다 | 弱い | 弱い | | |
| ながい | ながい | ながい | | |
| 長い<br>길다 | 長い | 長い | | |

가타카나

| ファイト<br>파이팅 | ファイト | |
|---|---|---|
| タイプ<br>타입 | タイプ | |

unit 08

# どんな 人(ひと)が 好(す)きですか。

어떤 사람을 좋아하세요?

**unit 08 톡톡 패턴** 본책 117-119쪽

DATE :  .  .

A : あの レストランは きれいですか。(あの レストラン・きれいだ)

B : いいえ、きれいじゃ ないです。(= きれいじゃ ありません)

1 街(まち)・静(しず)かだ → A : ______________________

B : ______________________

2 ワンさん・暇(ひま)だ → A : ______________________

B : ______________________

3 問題(もんだい)・簡単(かんたん)だ → A : ______________________

B : ______________________

4 学生(がくせい)・真面目(まじめ)だ → A : ______________________

B : ______________________

5 子供(こども)・元気(げんき)だ → A : ______________________

B : ______________________

6 店員(てんいん)・親切(しんせつ)だ → A : ______________________

B : ______________________

**낱말과 표현**

**レストラン** 레스토랑
**きれいだ** 깨끗하다, 예쁘다
**暇(ひま)だ** 한가하다
**問題(もんだい)** 문제
**簡単だ** 간단하다
**学生(がくせい)** 학생
**子供(こども)** 어린이, 아이
**元気だ** 건강하다, 활발하다
**店員(てんいん)** 점원

DATE : . .

B

A : この 問題(もんだい)は 簡単(かんたん)ですね。(この 問題(もんだい)・簡単(かんたん)だ)

B : そうですね。簡単(かんたん)な 問題(もんだい)ですね。

1 あの 先輩(せんぱい)・ハンサムだ

→ A : ______________________

B : ______________________

2 あの 人(ひと)・真面目(まじめ)だ

→ A : ______________________

B : ______________________

3 この 人(ひと)・クールだ

→ A : ______________________

B : ______________________

4 あの 歌手(かしゅ)・有名(ゆうめい)だ

→ A : ______________________

B : ______________________

낱말과 표현

クールだ 쿨하다
有名(ゆうめい)だ 유명하다
歌手(かしゅ) 가수

DATE :  .  .

C

A：どんな学生(がくせい)ですか。(学生(がくせい)/ハンサムだ・真面目(まじめ)だ)

B：ハンサムで真面目(まじめ)な学生(がくせい)です。

1 レストラン/きれいだ・親切(しんせつ)だ

→ A：

B：

2 子供(こども)/元気(げんき)だ・丈夫(じょうぶ)だ

→ A：

B：

3 スマートフォン/簡単(かんたん)だ・便利(べんり)だ

→ A：

B：

4 車(くるま)/楽(らく)だ・静(しず)かだ

→ A：

B：

낱말과 표현

**ハンサムだ** 핸섬하다
**きれいだ** 깨끗하다
**親切(しんせつ)だ** 친절하다
**子供(こども)** 어린이, 아이
**元気(げんき)だ** 건강하다, 활발하다
**丈夫(じょうぶ)だ** 튼튼하다
**スマートフォン** 스마트폰
**簡単(かんたん)だ** 간단하다
**便利(べんり)だ** 편리하다
**車(くるま)** 자동차
**楽(らく)だ** 편하다
**静(しず)かだ** 조용하다

DATE : . .

unit 08 톡톡 펜맨십 본책 121쪽

한자

| すきだ | すきだ | すきだ | | |
|---|---|---|---|---|
| 好きだ<br>좋아하다 | 好きだ | 好きだ | | |
| まじめだ | まじめだ | まじめだ | | |
| 真面目だ<br>성실하다 | 真面目だ | 真面目だ | | |
| しんせつだ | しんせつだ | しんせつだ | | |
| 親切だ<br>친절하다 | 親切だ | 親切だ | | |
| ゆうめいだ | ゆうめいだ | ゆうめいだ | | |
| 有名だ<br>유명하다 | 有名だ | 有名だ | | |
| げんきだ | げんきだ | げんきだ | | |
| 元気だ<br>건강하다 | 元気だ | 元気だ | | |
| べんりだ | べんりだ | べんりだ | | |
| 便利だ<br>편리하다 | 便利だ | 便利だ | | |

가타카나

| ハンサム<br>핸섬 | ハンサム | |
|---|---|---|
| スタイル<br>스타일 | スタイル | |
| スマート<br>스마트 | スマート | |

unit 09

# 世界(せかい)で 一番(いちばん) すてきな 人(ひと)です。

세상에서 제일 멋진 사람이에요.

**unit 09 톡톡 패턴** 본책 129-131쪽

DATE :  .  .

A : パスタと ピザと どちらが 好(す)きですか。(パスタ, ピザ)

B : パスタ(orピザ)の 方(ほう)が 好(す)きです。

1 東京(とうきょう), 京都(きょうと) → A : ______________________

B : ______________________

2 ヨガ, ジョギング → A : ______________________

B : ______________________

3 犬(いぬ), 猫(ねこ) → A : ______________________

B : ______________________

4 山(やま), 海(うみ) → A : ______________________

B : ______________________

5 白(しろ), 黒(くろ) → A : ______________________

B : ______________________

6 アメリカーノ, キャラメル マキアート → A : ______________________

B : ______________________

**낱말과 표현**

**パスタ** 파스타

**ピザ** 피자

**ヨガ** 요가

**ジョギング** 조깅

**犬(いぬ)** 개, 강아지

**猫(ねこ)** 고양이

**山(やま)** 산

**海(うみ)** 바다

**白(しろ)** 하양

**黒(くろ)** 검정

**アメリカーノ** 아메리카노

**キャラメル マキアート** 캐러멜 마키아토

DATE :   .   .

## B

A : みかんと りんごと いちごの 中(なか)で どれが 一番(いちばん) 好(す)きですか。(みかん, りんご, いちご)

B : みかん(or りんご, いちご)が 一番(いちばん) 好(す)きです。

1 バナナ, パイナップル, オレンジ

→ A : ______________________

B : ______________________

2 焼酎(しょうちゅう), ワイン, ビール

→ A : ______________________

B : ______________________

3 サッカー, 野球(やきゅう), 水泳(すいえい)

→ A : ______________________

B : ______________________

4 ネックレス, イヤリング, 指輪(ゆびわ)

→ A : ______________________

B : ______________________

### 낱말과 표현

| | | |
|---|---|---|
| **みかん** 감귤 | **オレンジ** 오렌지 | **野球(やきゅう)** 야구 |
| **りんご** 사과 | **焼酎(しょうちゅう)** 소주 | **水泳(すいえい)** 수영 |
| **いちご** 딸기 | **ワイン** 와인 | **ネックレス** 목걸이 |
| **バナナ** 바나나 | **ビール** 맥주 | **イヤリング** 이어링, 귀걸이 |
| **パイナップル** 파인애플 | **サッカー** 축구 | **指輪(ゆびわ)** 반지 |

DATE :　　.　　.

**C**

A：四季(しき)の 中(なか)で いつが 一番(いちばん) 好(す)きですか。(四季(しき), いつ)

B：秋(あき)が 一番(いちばん) 好(す)きです。

1 動物(どうぶつ), 何(なに)

→ A：

B：

2 飲(の)み物(もの), 何(なに)

→ A：

B：

3 料理(りょうり), 何(なに)

→ A：

B：

4 スポーツ, 何(なに)

→ A：

B：

**낱말과 표현**

| | | |
|---|---|---|
| 四季(しき) 사계, 사철 | 飲(の)み物(もの) 음료 | すし 초밥 |
| 秋(あき) 가을 | コーヒー 커피 | ラーメン 라면 |
| 動物(どうぶつ) 동물 | コーラ 콜라 | スポーツ 스포츠 |
| 象(ぞう) 코끼리 | ジュース 주스 | 野球(やきゅう) 야구 |
| 鹿(しか) 사슴 | 料理(りょうり) 요리 | バスケットボール 농구 |
| パンダ 판다 | エビフライ 새우튀김 | サッカー 축구 |

DATE : . .

unit 09 톡톡 펜맨십 본책 133쪽

한자

| くだもの | くだもの | くだもの | | |
|---|---|---|---|---|
| 果物<br>과일 | 果物 | 果物 | | |
| いちばん | いちばん | いちばん | | |
| 一番<br>제일, 가장 | 一番 | 一番 | | |
| せ かい | せ かい | せ かい | | |
| 世界<br>세계, 세상 | 世界 | 世界 | | |
| し き | し き | し き | | |
| 四季<br>사계, 사철 | 四季 | 四季 | | |
| はいゆう | はいゆう | はいゆう | | |
| 俳優<br>배우 | 俳優 | 俳優 | | |
| か しゅ | か しゅ | か しゅ | | |
| 歌手<br>가수 | 歌手 | 歌手 | | |

가타카나

| ピザ<br>피자 | ピザ | |
|---|---|---|
| コーラ<br>콜라 | コーラ | |
| ジュース<br>주스 | ジュース | |

unit 10

# この ブラウスは いくらですか。

## 이 블라우스는 얼마예요?

unit 10 톡톡 패턴 143-145쪽

DATE : . .

**A**

A : ブラウスは いくらですか。(ブラウス · 35,000ウォン)

B : ブラウスは 3万 5千(さんまん ごせん)ウォンです。

1 ネックレス · 72,000ウォン → A : ______ B : ______

2 ワンピース · 89,000ウォン → A : ______ B : ______

3 サングラス · 127,000ウォン → A : ______ B : ______

4 ジャケット · 145,000ウォン → A : ______ B : ______

5 ブーツ · 98,000ウォン → A : ______ B : ______

6 腕時計(うでどけい) · 243,000ウォン → A : ______ B : ______

낱말과 표현

ブラウス 블라우스
ネックレス 목걸이
ワンピース 원피스
サングラス 선글라스
ジャケット 재킷
ブーツ 부츠
腕時計(うでどけい) 손목시계

DATE :   .   .

B

A : コーヒーは いくらですか。(コーヒー : アメリカーノ 2,500ウォン, カプチーノ 3,500ウォン)

B : アメリカーノは 2,500ウォンで、カプチーノは 3,500ウォンです。

1 ジュース : オレンジジュース 2,000ウォン, いちごジュース 3,000ウォン

→ A : ______

B : ______

2 ケーキ : チーズケーキ 4,300ウォン, チョコレートケーキ 3,800ウォン

→ A : ______

B : ______

3 アクセサリー : ネックレス 98,000ウォン, イヤリング 78,000ウォン

→ A : ______

B : ______

4 ハンバーガー : チーズバーガー 2,500ウォン, てりやきバーガー 4,000ウォン

→ A : ______

B : ______

낱말과 표현

**コーヒー** 커피
**アメリカーノ** 아메리카노
**カプチーノ** 카푸치노
**ジュース** 주스
**オレンジ** 오렌지
**いちご** 딸기
**ケーキ** 케이크
**チーズ** 치즈
**チョコレート** 초콜릿
**アクセサリー** 액세서리
**ネックレス** 목걸이
**イヤリング** 이어링, 귀걸이
**ハンバーガー** 햄버거
**てりやきバーガー** 불고기버거

DATE : . .

## C

A : コーヒーと ケーキ ください。
全部(ぜんぶ)で いくらですか。(コーヒー 3,500ウォン, ケーキ 4,500ウォン)
B : コーヒーは 3,500ウォンで、ケーキは 4,500ウォンです。
全部(ぜんぶ)で 8,000ウォンです。

1. ハンバーガー 3,000ウォン, コーラ 1,500ウォン

→ A : ____________________
B : ____________________
____________________

2. ワンピース 60,000ウォン, スカーフ 29,000ウォン

→ A : ____________________
B : ____________________
____________________

3. ネックレス 98,000ウォン, イヤリング 78,000ウォン

→ A : ____________________
B : ____________________
____________________

4. パスタ 9,800ウォン, ジュース 3,500ウォン

→ A : ____________________
B : ____________________
____________________

낱말과 표현

**ワンピース** 원피스
**スカーフ** 스카프
**ネックレス** 목걸이
**イヤリング** 이어링, 귀걸이
**パスタ** 파스타

DATE :     .     .

unit 10 톡톡 펜맨십 본책 147쪽

한자

| いちば | いちば | いちば | | |
|---|---|---|---|---|
| 市場<br>시장 | 市場 | 市場 | | |
| ぜんぶ | ぜんぶ | ぜんぶ | | |
| 全部<br>전부 | 全部 | 全部 | | |
| てんいん | てんいん | てんいん | | |
| 店員<br>점원 | 店員 | 店員 | | |
| なんまい | なんまい | なんまい | | |
| 何枚<br>몇 장 | 何枚 | 何枚 | | |
| なんだい | なんだい | なんだい | | |
| 何台<br>몇 대 | 何台 | 何台 | | |

가타카나

| スカーフ<br>스카프 | スカーフ | |
|---|---|---|
| ブラウス<br>블라우스 | ブラウス | |
| スカート<br>스커트, 치마 | スカート | |
| ワンピース<br>원피스 | ワンピース | |

unit 11

# 親しい 友だちが いますか。

## 친한 친구가 있습니까?

**unit 11 톡톡 패턴** 본책 155-157쪽 DATE : . .

A : パソコンは どこに ありますか。(机の 上)

B : パソコンは 机の 上に あります。

1 いすは どこに ありますか。 (机の 前)

→ B : ______________________

2 ファックスは どこに ありますか。 (机の 横)

→ B : ______________________

3 コピー機は どこに ありますか。 (ファックスの 後ろ)

→ B : ______________________

4 プリンターは どこに ありますか。 (パソコンの 右)

→ B : ______________________

**낱말과 표현**

パソコン 컴퓨터
机 책상
いす 의자
ファックス 팩스
コピー機 복사기
プリンター 프린터

DATE :　　.　　.

**B**

A : 郵便局(ゆうびんきょく)は どこに ありますか。(コンビニの 前(まえ))

B : 郵便局(ゆうびんきょく)は コンビニの 前(まえ)に あります。

1. 銀行(ぎんこう)は どこに ありますか。 (郵便局(ゆうびんきょく)の 隣(となり))

   → B : ______________________________

2. 薬局(やっきょく)は どこに ありますか。 (病院(びょういん)の 後(うし)ろ)

   → B : ______________________________

3. デパートは どこに ありますか。 (病院(びょういん)の 向(む)かい)

   → B : ______________________________

4. コンビニは どこに ありますか。 (銀行(ぎんこう)の 近(ちか)く)

   → B : ______________________________

**낱말과 표현**

| | | |
|---|---|---|
| 郵便局(ゆうびんきょく) 우체국 | 隣(となり) 옆, 이웃 | デパート 백화점 |
| コンビニ 편의점 | 薬局(やっきょく) 약국 | 向(む)かい 맞은편 |
| 前(まえ) 앞 | 病院(びょういん) 병원 | |
| 銀行(ぎんこう) 은행 | 後(うし)ろ 뒤 | |

DATE :  .  .

**C**

A：店員(てんいん)は どこに いますか。 (店員(てんいん)・ドアの 前(まえ))

B：店員(てんいん)は ドアの 前(まえ)に います。

1 中村(なかむら)さんは どこに いますか。 (イさんの そば)

→ B：＿＿＿＿＿＿＿＿＿＿＿＿＿＿＿＿

2 アリョさんは どこに いますか。 (中村(なかむら)さんの 前(まえ))

→ B：＿＿＿＿＿＿＿＿＿＿＿＿＿＿＿＿

3 犬(いぬ)は どこに いますか。 (アリョさんの 横(よこ))

→ B：＿＿＿＿＿＿＿＿＿＿＿＿＿＿＿＿

4 猫(ねこ)は どこに いますか。 (ソファーの 上(うえ))

→ B：＿＿＿＿＿＿＿＿＿＿＿＿＿＿＿＿

**낱말과 표현**

店員(てんいん) 점원
ドア 문
そば 곁, 옆
犬(いぬ) 개
下(した) 밑, 아래
猫(ねこ) 고양이
ソファー 소파
上(うえ) 위

unit 11 톡톡 펜맨십 본 책 159쪽

DATE : . .

한자

| びょういん<br>病院<br>병원 | びょういん<br>病院 | びょういん<br>病院 | | |
|---|---|---|---|---|
| ゆうびんきょく<br>郵便局<br>우체국 | ゆうびんきょく<br>郵便局 | ゆうびんきょく<br>郵便局 | | |
| やっきょく<br>薬局<br>약국 | やっきょく<br>薬局 | やっきょく<br>薬局 | | |
| ぎんこう<br>銀行<br>은행 | ぎんこう<br>銀行 | ぎんこう<br>銀行 | | |
| えい が かん<br>映画館<br>영화관 | えい が かん<br>映画館 | えい が かん<br>映画館 | | |

가타카나

| ファックス<br>팩스 | ファックス | |
|---|---|---|
| コピー<br>복사 | コピー | |
| プリンター<br>프린터 | プリンター | |

# unit 12 毎日 図書館で 勉強を しますか。

## 매일 도서관에서 공부를 합니까?

**unit 12 톡톡 패턴** 본책 171-173쪽 본책 171-173쪽

DATE : . .

A : 明日 学校に 行きますか。(学校に 行く)

B : はい、行きます。 / いいえ、行きません。

1 たばこを 吸う

→ A : ______

B : ______

2 手紙を 書く

→ A : ______

B : ______

3 海で 泳ぐ

→ A : ______

B : ______

4 薬を 飲む

→ A : ______

B : ______

5 ニュースを 見る

→ A : ______

B : ______

6 毎日 散歩する

→ A : ______

B : ______

**낱말과 표현**

明日 내일
学校に 行く 학교에 가다
タバコを 吸う 담배를 피우다
手紙を 書く 편지를 쓰다
海で 泳ぐ 바다에서 헤엄치다
薬を 飲む 약을 먹다
ニュースを 見る 뉴스를 보다
毎日 매일
散歩する 산책하다

DATE :  .  .

**B**

A：昨日(きのう) 映画(えいが)を 見(み)ましたか。(映画(えいが)を 見(み)る)

B：はい、見(み)ました。 / いいえ、見(み)ませんでした。

1 友(とも)だちに 会(あ)う

→ A：

B：

2 料理(りょうり)を 作(つく)る

→ A：

B：

3 お風呂(ふろ)に 入(はい)る

→ A：

B：

4 試験(しけん)を 受(う)ける

→ A：

B：

5 アルバイトを する

→ A：

B：

6 日本語(にほんご)の 勉強(べんきょう)を する

→ A：

B：

낱말과 표현

**昨日(きのう)** 어제

**映画(えいが)を 見(み)る** 영화를 보다

**友(とも)だちに 会(あ)う** 친구를 만나다

**料理(りょうり)を 作(つく)る** 요리를 만들다

**お風呂(ふろ)に 入(はい)る** 목욕하다

**試験(しけん)を 受(う)ける** 시험을 치르다

**アルバイト** 아르바이트

**勉強(べんきょう)** 공부

DATE : . .

**C**

A : 何(なに)を 食(た)べましたか。 (何(なに)を 食(た)べる・ピザ)

B : ピザを 食(た)べました。

1 何(なに)を 買(か)う・本(ほん) → A : ____________________
B : ____________________

2 どこに 行(い)く・トイレ → A : ____________________
B : ____________________

3 何時(なんじ)に 帰(かえ)る・9時(じ) → A : ____________________
B : ____________________

4 何(なに)を 見(み)る・映画(えいが) → A : ____________________
B : ____________________

5 だれに 会(あ)う・恋人(こいびと) → A : ____________________
B : ____________________

6 どこで 会(あ)う・会社(かいしゃ)の 前(まえ) → A : ____________________
B : ____________________

낱말과 표현

何(なに) 무엇
買(か)う 사다
どこ 어디
行(い)く 가다
トイレ 화장실
帰(かえ)る 돌아가다
だれ 누구
前(まえ) 앞

DATE : . .

unit 12 톡톡 펜맨십 본 책 175쪽

한자

| あう | あう | あう | | |
|---|---|---|---|---|
| 会う<br>만나다 | 会う | 会う | | |
| いく | いく | いく | | |
| 行く<br>가다 | 行く | 行く | | |
| かく | かく | かく | | |
| 書く<br>쓰다 | 書く | 書く | | |
| はなす | はなす | はなす | | |
| 話す<br>이야기하다 | 話す | 話す | | |
| まつ | まつ | まつ | | |
| 待つ<br>기다리다 | 待つ | 待つ | | |
| あそぶ | あそぶ | あそぶ | | |
| 遊ぶ<br>놀다 | 遊ぶ | 遊ぶ | | |

가타카나

| ホームページ<br>홈페이지 | ホームページ | |
|---|---|---|
| ログイン<br>로그인 | ログイン | |
| アルバイト<br>아르바이트 | アルバイト | |

# unit 13 コンサートに 行(い)きませんか。

콘서트에 가지 않겠습니까?

unit 13 톡톡 패턴 본 책 183–185쪽

DATE : . .

**A**

A：どこに 行(い)くんですか。 (学校(がっこう)・友(とも)だちに 会(あ)う)

B：学校(がっこう)に 友(とも)だちに 会(あ)いに 行(い)きます。

1 花屋(はなや)・花(はな)を 買(か)う

→ B：________________

2 学校(がっこう)・講義(こうぎ)を 聞(き)く

→ B：________________

3 居酒屋(いざかや)・お酒(さけ)を 飲(の)む

→ B：________________

4 野球場(やきゅうじょう)・野球(やきゅう)を 見(み)る

→ B：________________

5 カフェ・コーヒーを 飲(の)む

→ B：________________

6 公園(こうえん)・散歩(さんぽ)する

→ B：________________

**낱말과 표현**

花屋(はなや) 꽃집
買(か)う 사다
講義(こうぎ) 강의
聞(き)く 듣다
居酒屋(いざかや) 선술집
お酒(さけ) 술
飲(の)む 마시다
野球場(やきゅうじょう) 야구장
カフェ 카페
コーヒー 커피
公園(こうえん) 공원
散歩(さんぽ)する 산책하다

DATE :　.　.

**B**

A：今週(こんしゅう)の 土曜日(どようび) ショッピングに 行(い)きませんか。（ショッピング）

B：いいですね。そうしましょう。

　あの、それは ちょっと。

1 旅行(りょこう)

→ A：＿＿＿＿＿＿＿＿＿＿＿＿＿＿＿＿

2 ゴルフ

→ A：＿＿＿＿＿＿＿＿＿＿＿＿＿＿＿＿

3 山登(やまのぼ)り

→ A：＿＿＿＿＿＿＿＿＿＿＿＿＿＿＿＿

4 ハイキング

→ A：＿＿＿＿＿＿＿＿＿＿＿＿＿＿＿＿

5 スキー

→ A：＿＿＿＿＿＿＿＿＿＿＿＿＿＿＿＿

6 ドライブ

→ A：＿＿＿＿＿＿＿＿＿＿＿＿＿＿＿＿

| | | |
|---|---|---|
| 今週(こんしゅう) 이번 주 | ゴルフ 골프 | スキー 스키 |
| ショッピング 쇼핑 | 山登(やまのぼ)り 등산 | ドライブ 드라이브 |
| 旅行(りょこう) 여행 | ハイキング 하이킹 | |

DATE :    .    .

C

A : 明日(あした) いっしょに プールに 泳ぎに(およ) 行きましょうか(い)。

(プール・泳ぎに(およ) 行く(い))

B : いいですね。そうしましょう。

あの、それは ちょっと。

1 映画館(えいがかん)・映画(えいが)を 見る(み)

→ A : ______________________

2 レストラン・食事(しょくじ)を する

→ A : ______________________

3 美術館(びじゅつかん)・展覧会(てんらんかい)を 見る(み)

→ A : ______________________

4 デパート・ショッピングを する

→ A : ______________________

5 遊園地(ゆうえんち)・遊ぶ(あそ)

→ A : ______________________

6 ホンデの クラブ・踊る(おど)

→ A : ______________________

낱말과 표현

| | | |
|---|---|---|
| プール 수영장 | 食事(しょくじ)を する 식사를 하다 | 遊園地(ゆうえんち) 유원지 |
| 泳ぐ(およ) 수영하다, 헤엄치다 | 美術館(びじゅつかん) 미술관 | 遊ぶ(あそ) 놀다 |
| 映画館(えいがかん) 영화관 | 展覧会(てんらんかい) 전람회 | クラブ 클럽 |
| レストラン 레스토랑 | デパート 백화점 | 踊る(おど) 춤추다 |

DATE : . .

unit 13 톡톡 펜맨십 본 책 187쪽

한자

| しょうたい | しょうたい | しょうたい | | |
|---|---|---|---|---|
| 招待<br>초대 | 招待 | 招待 | | |
| おうぼ | おうぼ | おうぼ | | |
| 応募<br>응모 | 応募 | 応募 | | |
| しょくじ | しょくじ | しょくじ | | |
| 食事<br>식사 | 食事 | 食事 | | |
| ゆうしょく | ゆうしょく | ゆうしょく | | |
| 夕食<br>저녁식사 | 夕食 | 夕食 | | |
| やきゅう | やきゅう | やきゅう | | |
| 野球<br>야구 | 野球 | 野球 | | |
| さんぽ | さんぽ | さんぽ | | |
| 散歩<br>산책 | 散歩 | 散歩 | | |

가타카나

| イベント<br>이벤트 | イベント | |
|---|---|---|
| チケット<br>티켓 | チケット | |
| カフェ<br>카페 | カフェ | |

unit 14

# どんな 人(ひと)に なりたいですか。

어떤 사람이 되고 싶습니까?

**unit 14 톡톡 패턴** 본 책 195-197쪽

DATE :  .  .

## A

A : すしが 食(た)べたいですか。(すしを 食(た)べる)

B : はい、食(た)べたいです。

いいえ、食(た)べたくないです。

1 車(くるま)を 買(か)う → A : ____________

B : ____________

2 日本語(にほんご)で 話(はな)す → A : ____________

B : ____________

3 友(とも)だちと 遊(あそ)ぶ → A : ____________

B : ____________

4 お酒(さけ)を 飲(の)む → A : ____________

B : ____________

5 朝早(あさはや)く 起(お)きる → A : ____________

B : ____________

6 図書館(としょかん)で 勉強(べんきょう)する → A : ____________

B : ____________

### 낱말과 표현

すし 초밥
食(た)べる 먹다
買(か)う 사다
話(はな)す 이야기하다
～と ~와, ~과
遊(あそ)ぶ 놀다
お酒(さけ) 술
飲(の)む 마시다
朝早(あさはや)く 아침 일찍
起(お)きる 일어나다
図書館(としょかん) 도서관
勉強(べんきょう) 공부

DATE : . .

## B

A : 将来(しょうらい) 何(なに)に なりたいですか。(アナウンサー)

B : アナウンサーに なりたいです。

1 歌手(かしゅ)

→ B : ______

2 作家(さっか)

→ B : ______

3 記者(きしゃ)

→ B : ______

4 銀行員(ぎんこういん)

→ B : ______

5 プログラマー

→ B : ______

6 デザイナー

→ B : ______

낱말과 표현

| | | |
|---|---|---|
| アナウンサー 아나운서 | 作家(さっか) 작가 | プログラマー 프로그래머 |
| 将来(しょうらい) 장래 | 記者(きしゃ) 기자 | デザイナー 디자이너 |
| 歌手(かしゅ) 가수 | 銀行員(ぎんこういん) 은행원 | |

DATE :    .    .

## C

A : 今(いま) 何(なに)が 一番(いちばん) ほしいですか。(お金(かね))

B : お金(かね)が 一番(いちばん) ほしいです。

1. 靴(くつ)

→ B : ____________________

2. スーツ

→ B : ____________________

3. スマートフォン

→ B : ____________________

4. 自転車(じてんしゃ)

→ B : ____________________

5. 車(くるま)

→ B : ____________________

6. かばん

→ B : ____________________

**낱말과 표현**

| | | |
|---|---|---|
| お金(かね) 돈 | 靴(くつ) 구두 | 自転車(じてんしゃ) 자전거 |
| 一番(いちばん) 가장, 제일 | スーツ 정장, 슈트 | 車(くるま) 차 |
| ほしい 갖고 싶다 | 電子辞書(でんしじしょ) 전자사전 | かばん 가방 |

DATE : . .

unit 14 톡톡 펜맨십 본 책 199쪽

한자

| しょうらい | しょうらい | しょうらい | | |
|---|---|---|---|---|
| 将来<br>장래 | 将来 | 将来 | | |
| じゅうよう | じゅうよう | じゅうよう | | |
| 重要<br>중요 | 重要 | 重要 | | |
| しゅうしょく | しゅうしょく | しゅうしょく | | |
| 就職<br>취직 | 就職 | 就職 | | |
| し けん | し けん | し けん | | |
| 試験<br>시험 | 試験 | 試験 | | |
| きょう し | きょう し | きょう し | | |
| 教師<br>교사 | 教師 | 教師 | | |
| こう む いん | こう む いん | こう む いん | | |
| 公務員<br>공무원 | 公務員 | 公務員 | | |

가타카나

| プログラマー<br>프로그래머 | プログラマー | |
|---|---|---|
| デザイナー<br>디자이너 | デザイナー | |
| アナウンサー<br>아나운서 | アナウンサー | |

unit **15**

# ちょっと 助(たす)けて ください。

## 좀 도와주세요.

DATE :　　　.　　　.

**unit 15 톡톡 패턴** 본 책 208-211쪽

バスに 乗(の)って 学校(がっこう)に 行(い)きます。(バスに 乗(の)る · 学校(がっこう)に 行(い)く)

1. 友(とも)だちに 会(あ)う · 話(はなし)を する

→ ____________________

2. 話(はなし)を よく 聞(き)く · 答(こた)える

→ ____________________

3. 朝早(あさはや)く 起(お)きる · ジョギングを する

→ ____________________

4. クリックする · ファイルを 開(あ)ける

→ ____________________

**낱말과 표현**

バスに 乗(の)る 버스를 타다
会(あ)う 만나다
話(はなし)を する 이야기를 하다
よく 聞(き)く 잘 듣다
答(こた)える 대답하다
朝早(あさはや)く 아침 일찍
起(お)きる 일어나다
ジョギングを する 조깅을 하다
クリックする 클릭하다
ファイル 파일
開(あ)ける 열다

DATE : . .

B 私は 顔を 洗ってから 歯を 磨きます。(顔を 洗う・歯を 磨く)

1 シャワーを 浴びる・髪を 洗う

→

2 ご飯を 食べる・お水を 飲む

→

3 宿題を する・少し 休む

→

4 ラーメンの スープを 入れる・めんを 入れる

→

낱말과 표현

| | | |
|---|---|---|
| 顔を 洗う 얼굴을 씻다 | ご飯を 食べる 밥을 먹다 | ラーメン 라면 |
| 歯を 磨く 이를 닦다 | 水を 飲む 물을 마시다 | スープ 스프 |
| シャワーを 浴びる 샤워하다 | 宿題 숙제 | 入れる 넣다 |
| 髪 머리 | 休む 쉬다 | めん 면 |

DATE :  .  .

## C

日本語で 話して ください。(日本語で 話す)

1 少し 待つ

→

2 メールを 送る

→

3 こちらを 見る

→

4 アプリを ダウンロードする

→

5 資料を コピーする

→

6 早く 来る

→

낱말과 표현

話す 이야기하다
少し 조금
待つ 기다리다
送る 보내다
こちら 이쪽
アプリ 앱
ダウンロードする 다운로드 하다
資料 자료
コピーする 복사하다
早く 빨리
来る 오다

DATE : . .

## D

A : 今(いま) 何(なに)を して いますか。(日本語(にほんご)の 勉強(べんきょう)を する)

B : 日本語(にほんご)の 勉強(べんきょう)を して います。

1 メールを 書(か)く

→ B : ______________________

2 料理(りょうり)を 作(つく)る

→ B : ______________________

3 コーヒーを 飲(の)む

→ B : ______________________

4 日本(にほん)の ドラマを 見(み)る

→ B : ______________________

5 宿題(しゅくだい)を する

→ B : ______________________

6 部屋(へや)の 掃除(そうじ)を する

→ B : ______________________

낱말과 표현

| | | |
|---|---|---|
| 勉強(べんきょう) 공부 | 作(つく)る 만들다 | 見(み)る 보다 |
| メール 메일 | コーヒー 커피 | 宿題(しゅくだい) 숙제 |
| 書(か)く 쓰다 | 飲(の)む 마시다 | 部屋(へや) 방 |
| 料理(りょうり) 요리 | ドラマ 드라마 | 掃除(そうじ) 청소 |

DATE : . .

한자

| かんたん 簡単 간단 | かんたん 簡単 | かんたん 簡単 | | |
|---|---|---|---|---|
| にゅうかい 入会 입회, 가입 | にゅうかい 入会 | にゅうかい 入会 | | |
| じゅうしょ 住所 주소 | じゅうしょ 住所 | じゅうしょ 住所 | | |
| りょうり 料理 요리 | りょうり 料理 | りょうり 料理 | | |
| せつめい 説明 설명 | せつめい 説明 | せつめい 説明 | | |
| しつもん 質問 질문 | しつもん 質問 | しつもん 質問 | | |

가타카나

| サイト 사이트 | サイト | |
|---|---|---|
| アプリ 앱 | アプリ | |
| ダウンロード 다운로드 | ダウンロード | |

MEMO

MEMO

MEMO

이름

## 동양북스 채널에서 더 많은 도서
## 더 많은 이야기를 만나보세요!

유튜브

인스타그램

블로그

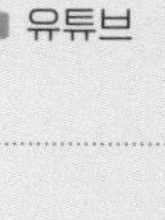
포스트

페이스북

카카오뷰

외국어 출판 45년의 신뢰
외국어 전문 출판 그룹
동양북스가 만드는 책은 다릅니다.

45년의 쉼 없는 노력과 도전으로 책 만들기에 최선을 다해온
동양북스는 오늘도 미래의 가치에 투자하고 있습니다.
대한민국의 내일을 생각하는 도전 정신과 믿음으로 최선을 다하겠습니다.

동양북스